25 years in Silver

25 años en plata

BROISSIN

Architects

Edited by M.Arch, José Luis Alvarez Tinajero / **node.**

25 years in Silver

25 años en plata

BROISSIN

Architects

Edited by M.Arch, José Luis Alvarez Tinajero / **node.**

1

2

3

9

10

11

12

16

17

5

6

7

8

13

14

15

18

19

20

25

26

27

32

33

34

35

Cultural

21

22

23

24

21_Centro Cultural Mexiquense Anáhuac > pp 246 22_Centro Cultural Vladimir Kaspé > pp 28
23_Del avioncito al barquito de papel, Las tres carabelas, El barquito nuevo del rey > pp 128
24_Chantli Kuaulakuyokan > pp 206

29

30

31

29_Pabellón Mx Expo Milán 2015 > pp 134 30_Barilla Pavilion International Competition > pp 216
31_New Estonian National Museum Competition > pp 22

Corporate

36

37

38

39

36_Mercado Libre México > pp 336 37_Pierre Fabre México > pp 189
38_Saint Gobain México > pp 164 39_USG México > pp 202

40

41

42

4

48

49

50

5

54

55

56

5

Hospitality

44

45

46

47

44_Guaycura > pp 284 45_Hotel Flamingos > pp 222 46_Itaaí > pp 228
47_Las Mandarinas > pp X100

Institutional

52

53

52_Estadio Eduardo Vasconcelos > pp 60 53_UAM Lerma > pp 344

Commercial

58

Postfacio

Es un texto que sorprende y no decepciona. En una época de saturación de la información, de espacialidades líquidas y de proliferación de imágenes que vacían la habitabilidad de los espacios, las reflexiones aquí expresadas desafían el *status quo* de las redes sociales, los libros y las revistas de arquitectura convencionales. Presentado como un no-libro, esta propuesta nos invita a la acción. Es una crítica ácida para cuestionar la arquitectura, su quehacer y a la sociedad misma, un discurso fuerte y necesario en esta contemporaneidad, inherente a las preguntas trascendentales que interpelan nuestra profesión.

Se nos invita a pensar desde la analogía, la parábola o la fabulación para imaginar situaciones que puedan reflexionarse. La forma en la que están construidos estos 30 textos nos reclama como interlocutores y nos invita a la conversación y a la apertura del diálogo. Como máquina abstracta, esta colección de fragmentos puede entenderse en una doble lectura: por un lado, las reflexiones se superponen a las imágenes; por el otro, las imágenes se yuxtaponen a los escritos que funcionan como diario de campo. En este tercer espacio, el lector no sólo se encontrará entre líneas, sino entre imágenes, exigiendo ser interpelado por aquello que el discurso esconde o que la arquitectura no muestra. Como se quiera, las imágenes y los textos se dudan y se contestan entre sí.

Cada lector descubrirá sus propias agencias. Después de todo, cabe preguntarnos: ¿cómo debería funcionar un libro hoy? Ya Deleuze lo advertía: como dispositivo de subjetividades nómadas cuya potencia refiere su capacidad de afectar y de ser afectado. En un momento de la historia en el que las inteligencias artificiales generan verdad y producen discurso, la palabra propuesta por Broissin alcanza una autenticidad genuina. Su pensamiento se yergue a contragalope en tiempos convulsos.

Por supuesto, este artefacto no debe ser entendido como un manifiesto, sino como testimonio de una búsqueda, de una lucha que cobra forma como documento etnográfico o espejo biográfico que nos exige algunas veces una carcajada; otras, un comentario crítico; y otras, un gesto de empatía. Es notable que, detrás de todas estas capas de imágenes y textos, palpita un humanismo que nos llama a cada uno de quienes hemos decidido formar empresas, erigir edificios, delinear espacios o dictar cátedra. Ciertamente no estamos solos, el camino andado del autor nos inspira a trazar líneas de resistencia, a instalarnos en la avalancha y seguirle el paso.

El viaje de *Ega Tireh* aparece como una contrapropuesta ni moderna, ni posmoderna, ni real, ni imaginaria, sino como imagen espectral, fantasmática. Es una defensa contra pretensiones intelectuales que recorren la mente de críticos y arquitectos hasta dejarlos ciegos e incapaces de oponerse a la tiranía de la era del algoritmo. Para aquéllos que quieran entrar y salir de manera hipertextual en este documento será posible encontrar sin duda una capacidad reflexiva. Úsese este dispositivo como mapa, como trayecto o como cartografía. De lo que se trata es de encontrar glorietas, hacer hablar a las cosas, invertir creencias, pensar de otros modos; pero, sobre todo, de hacernos sentir incómodos con eso que somos incapaces de cuestionar y que perpetuamos como verdadero o bello.

Sabiendo que el lenguaje es una piel —porosa, vibrante y afectiva—, que toda la producción de sentido requiere de la presencia de una oralidad maquínica de quien construye el discurso; más que comunicar, el lenguaje llega a puerto cuando se enrosca, se envuelve y se despliega; en definitiva, podemos estar seguros de que el lenguaje no solo comunica, afecta. De ahí que sea necesario advertir que aquí siempre se parte de cero; vale decir, sin prejuicios. En este texto, la analogía es una herramienta constante para discurrir sobre el fenómeno arquitectónico. Así, la ventana cobra forma, los muros entran en diálogo, se nos habla desde un parlamento de las cosas.

Un nuevo pensamiento, un actuar y un hacer son posibles. La misión de Broissin es desbrozar el camino, quitar los obstáculos de diatribas creativas, sacudir pensamientos embrutecedores de esperanzas injustas, de decretos insostenibles. Sin duda, tendremos mucho que aprender si queremos nacer como lectores críticos, así es que habría que entrar con furia lúcida en la interpretación de estas páginas, tal como lo hizo nuestro autor al escribir este libro. Atreverse a pensar con todo el cuerpo, atravesar y combatir este texto.

__Dr. Julio Jiménez S.

Postface

This is a text that surprises and does not disappoint. In an age saturated with information, liquid spatialities, and an overabundance of images that drain spaces of their habitability, the reflections expressed here challenge the status quo of social media, books, and conventional architecture magazines. Presented as a non-book, this proposal invites us to action. It is a biting critique that questions architecture, its practice, and society itself—a powerful and necessary discourse for this contemporary moment, rooted in the existential questions that confront our profession.

We are invited to think through analogy, parable, or fabulation, imagining situations to be reflected upon. The structure of these 30 texts calls us out as interlocutors and invites conversation and open dialogue. As an abstract machine, this collection of fragments can be read on two levels: on one hand, the reflections layer themselves over the images; on the other, the images are juxtaposed with the writings, which serve as a kind of field diary. In this third space, the reader will find themselves not only between lines, but between images, compelled to confront what the discourse conceals or what architecture refuses to show. In any case, images and texts doubt and respond to each other.

Each reader will discover their own agencies. After all, we must ask: how should a book work today? Deleuze already warned us: as a device of nomadic subjectivities, whose power lies in its capacity to affect and be affected. In a moment of history when artificial intelligences generate truth and produce discourse, the words presented by Broissin reach a rare authenticity. His thinking stands defiantly against the current in turbulent times.

Of course, this artifact should not be understood as a manifesto, but as the testimony of a search—a struggle that takes shape as an ethnographic document or a biographical mirror that demands from us, at times, laughter; at others, critical commentary; and at others, gestures of empathy. It is noteworthy that behind all these layers of images and texts pulses a humanism that calls out to each one of us who have chosen to build businesses, erect buildings, draw spaces, or teach. We are certainly not alone—the author's journey inspires us to carve lines of resistance, to stand firm amid the avalanche, and to keep pace.

The journey of Ega Tireh emerges as a counterproposal—not modern, not postmodern, not real, not imaginary—but as a spectral, ghostly image. It stands as a defense against the intellectual pretensions that plague the minds of critics and architects until they are blinded and incapable of opposing the tyranny of the algorithmic era. For those who wish to enter and exit this document in a hypertextual way, a deep capacity for reflection will surely be found. This device is meant to be used as a map, a path, or a cartography. The point is to find roundabouts, to make things speak, to overturn beliefs, to think differently; and above all, to make ourselves uncomfortable with those things we are incapable of questioning—those we continue to uphold as true or beautiful.

Knowing that language is a skin—porous, vibrant, and affective—and that all meaning-making requires the presence of a machinic orality from the one who constructs the discourse, we understand that language does not merely communicate—it affects. Language reaches the port only when it curls around itself, wraps and unfolds. Thus, it must be said: this text always begins from zero—that is, from a place free of prejudice. In this work, analogy is a constant tool to reflect on the architectural phenomenon. The window takes shape, the walls engage in dialogue, and we are spoken to from a parliament of things.

A new way of thinking, acting, and doing is possible. Broissin's mission is to clear the path, to remove the obstacles of creative diatribes, to shake off the numbing thoughts of false hopes and unsustainable decrees. Undoubtedly, there is much to be learned here—if we truly wish to be born as critical readers. And so, let us enter this interpretation with lucid fury, just as the author did when writing this book. Dare to think with your whole body, to move through and wrestle with this text.

__Dr. Julio Jiménez S.

1 Grand Egyptian Museum (GEM) Competition

2002
200229°59'41.5"N / 31°07'22.0"E
Cairo, Egipt

From the desert sands emerges an element as pure as it is monumental, drawn from the quadrant formed by the three pyramids of Giza. The museum offers a 450-meter journey that intertwines architecture and Egyptian culture, culminating in Tutankhamun's tomb at the end of a tunnel that echoes its original discovery.

Desde la arena del desierto emerge un elemento tan puro como monumental, trazado a partir del cuadrante formado por las tres pirámides de Giza. El museo propone un recorrido de 450 metros que entrelaza arquitectura y cultura egipcia, culminando en la tumba de Tutankamón al final de un túnel que emula su hallazgo original

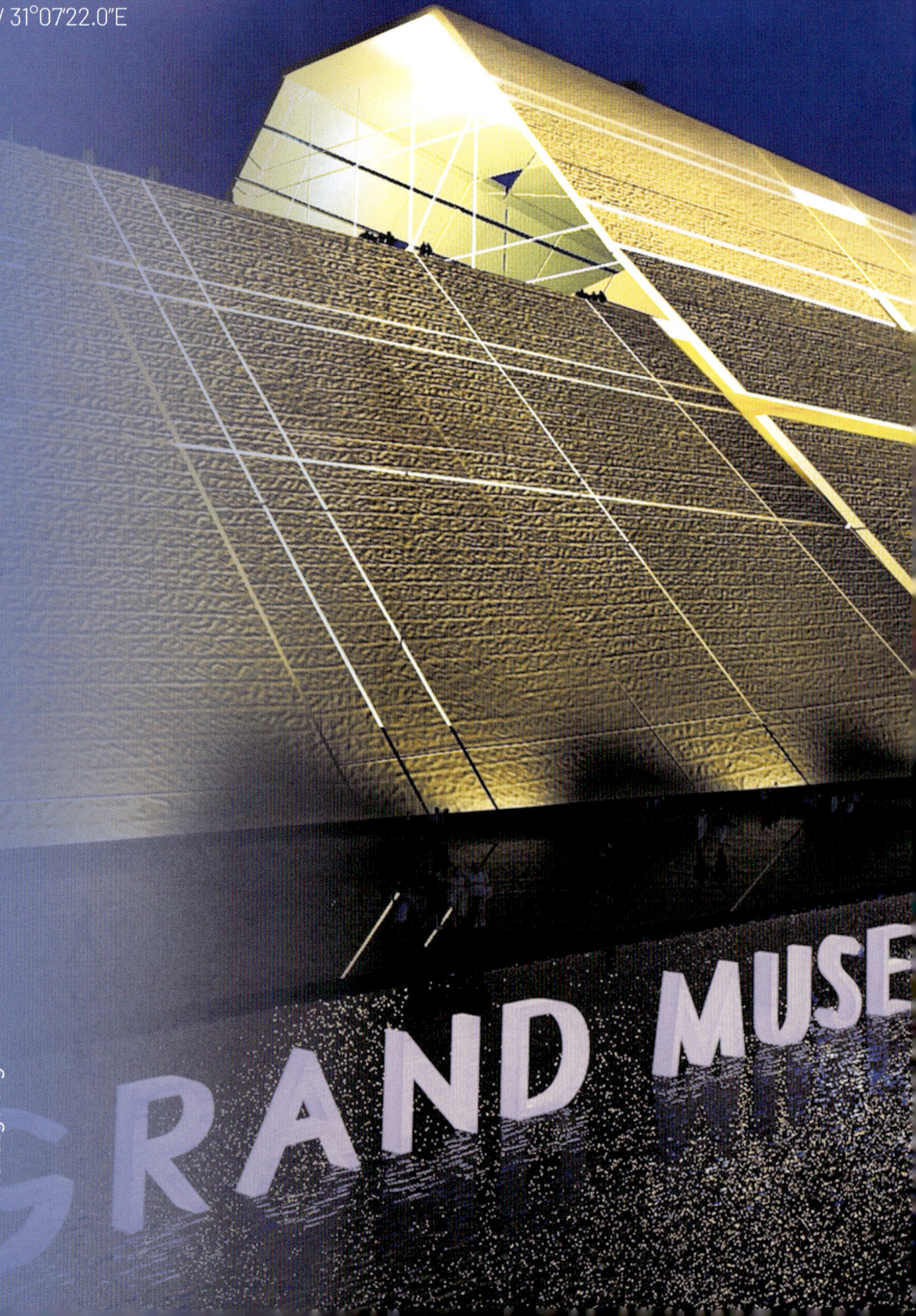

M OF EGYPT

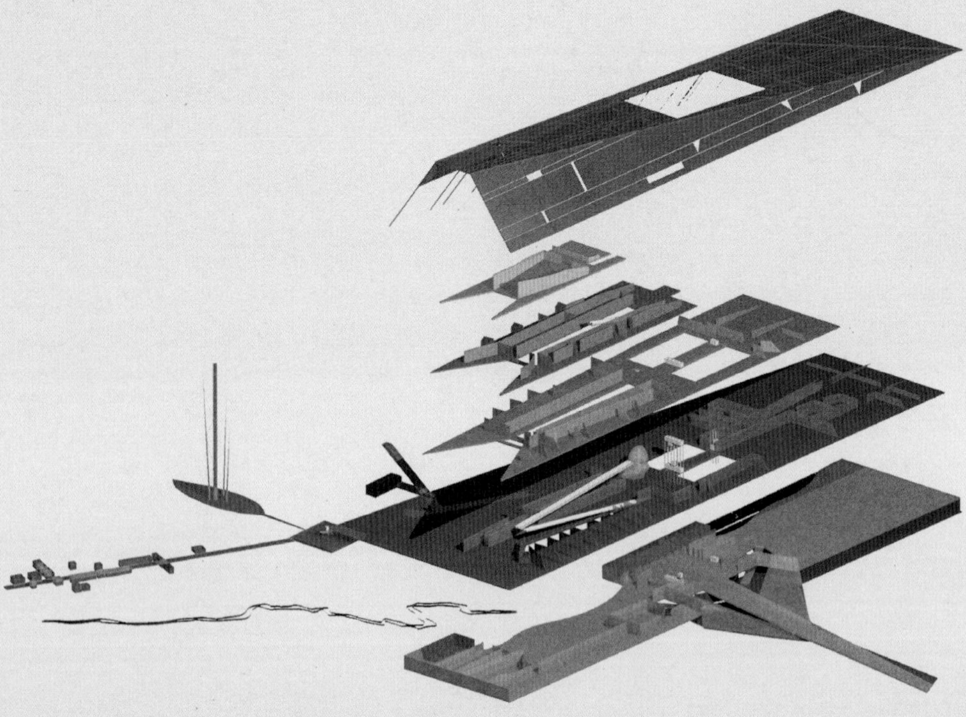

THE GREAT EGYPTIAN MUSEUM

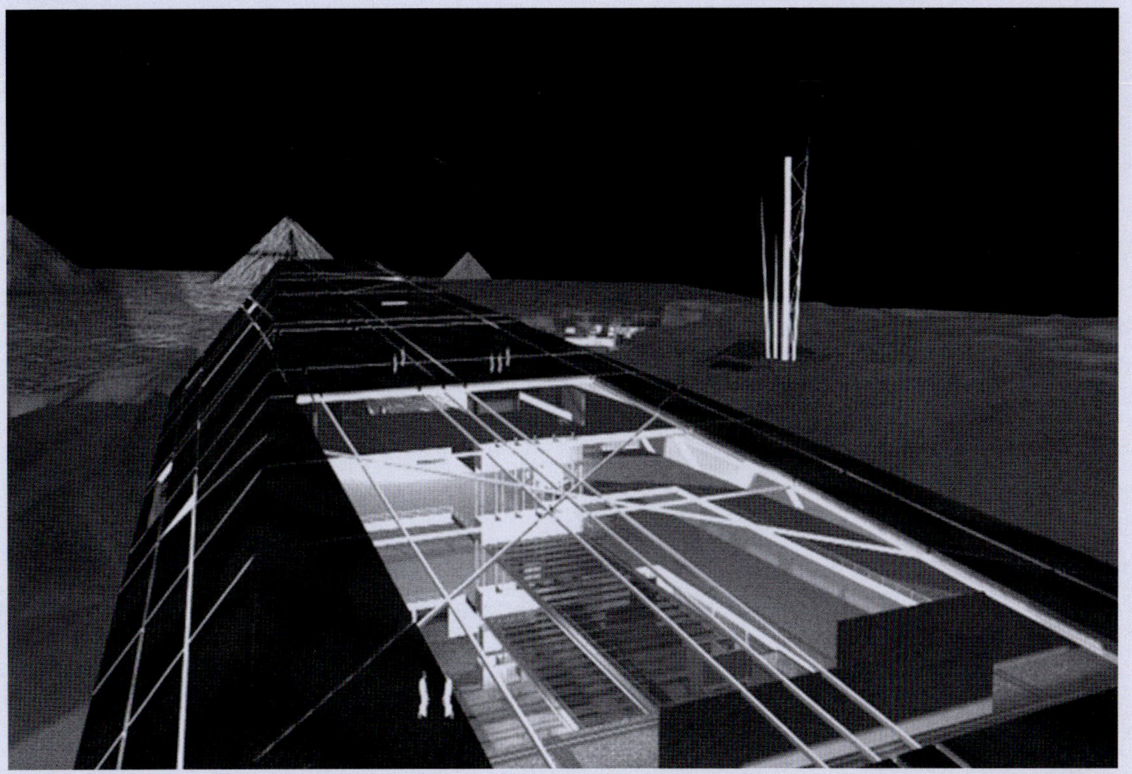

2 FUA Showroom

2004
19°26'00.9"N / 99°12'31.6"W
Mexico City, Mexico

Conceived as a fluid, sculptural, and curvilinear space that integrates exhibition, customer service, and support areas.

Se concibe como un espacio escultórico fluido y curvilíneo que integra exhibición, atención al cliente y áreas de servicio.

FUA
FUA

FUA

FUA

FUA

3 New Estonian National Museum

In collaboration with S&AA - Federico Soriano, Dolores Palacios

2005
58°23'43.6"N / 26°44'40.7"E
Tartu, Estonia

The museum seeks to project a monumental and independent image, capable of structuring an urban area lacking clear references and representing a new national identity. The building's skin functions as a load-bearing structure, with a lattice-like metal skin that folds like origami to create form, stability, and architectural character.

El Museo busca proyectar una imagen monumental e independiente, capaz de ordenar una zona urbana sin referencias claras y representar una nueva identidad nacional. La envolvente del edificio funciona como estructura portante, con una piel metálica en celosía que se pliega como origami para generar forma, estabilidad y carácter arquitectónico.

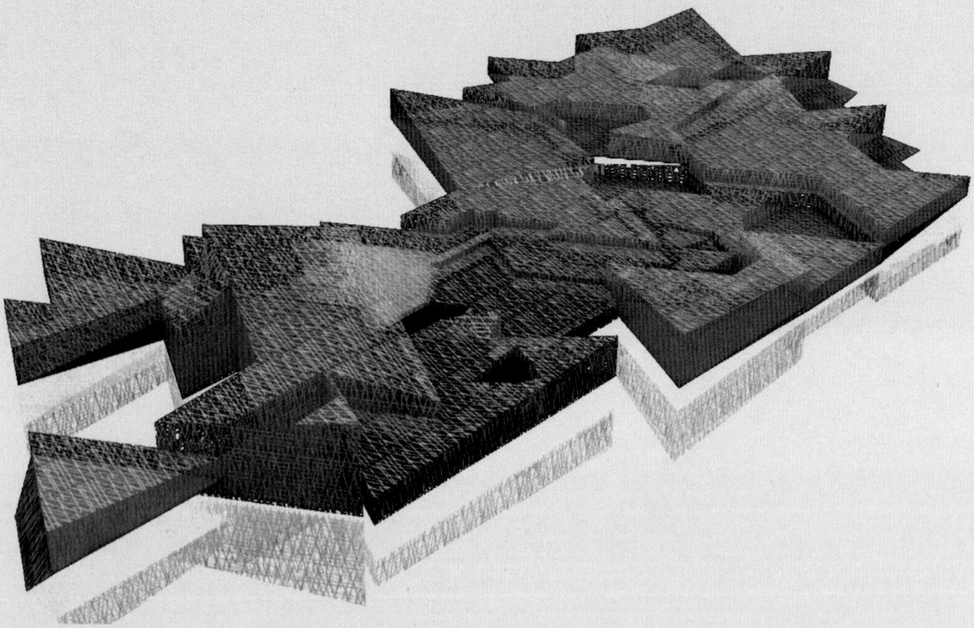

EESTI RAHVA MUUSEUM

Eesti Rahva Muuseum

4 Centro Cultural Vladimir Kaspé

In collaboration with Gabriel Covarrubias and Jorge Hernández

2006
19°24'32.5"N / 99°10'49.5"W
Mexico City, Mexico

Based on functionalist principles, the project features a concrete volume anchored to the ground and an exposed metal structure that balances the composition. An exterior ramp connects the spaces and symbolizes the pursuit of knowledge, while the final glass volume houses a flexible space for exhibitions and cultural activities. The design achieves a balance between functionality, symbolism, and openness to its surroundings.

Basado en principios funcionalistas, con un volumen de concreto anclado al terreno y una estructura metálica aparente que equilibra el conjunto. Una rampa exterior conecta los espacios y simboliza la búsqueda del conocimiento, mientras que el volumen de cristal final alberga un espacio flexible para exposiciones y actividades culturales. El proyecto logra un equilibrio entre funcionalidad, simbolismo y apertura al entorno.

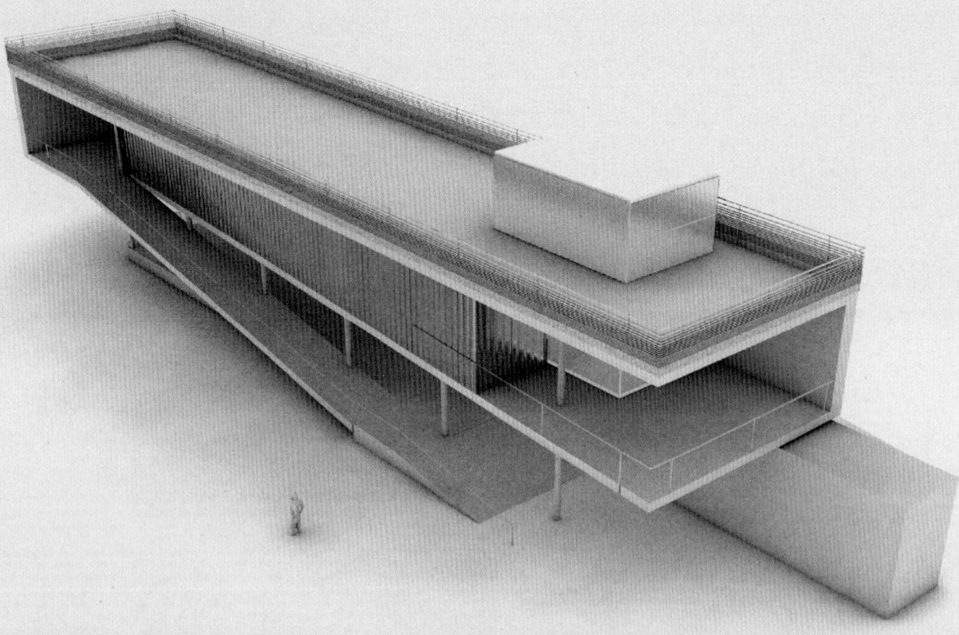

5 Taanah Sak

2006
19°25'23.2"N / 99°12'26.6"W
Mexico City, Mexico

Organized according to the site's orientation, the project places a dome on the south side to bathe lobbies and circulation areas in natural light. Public and private spaces open onto the garden, while the ground floor integrates services and social areas within a porticoed structure with open views.

Organizada a partir de la orientación del terreno, ubicando un domo en el lado sur que baña de luz natural los vestíbulos y circulaciones. Los espacios públicos y privados se abren al jardín, mientras que la planta baja integra servicios y áreas sociales en una estructura porticada con vistas abiertas.

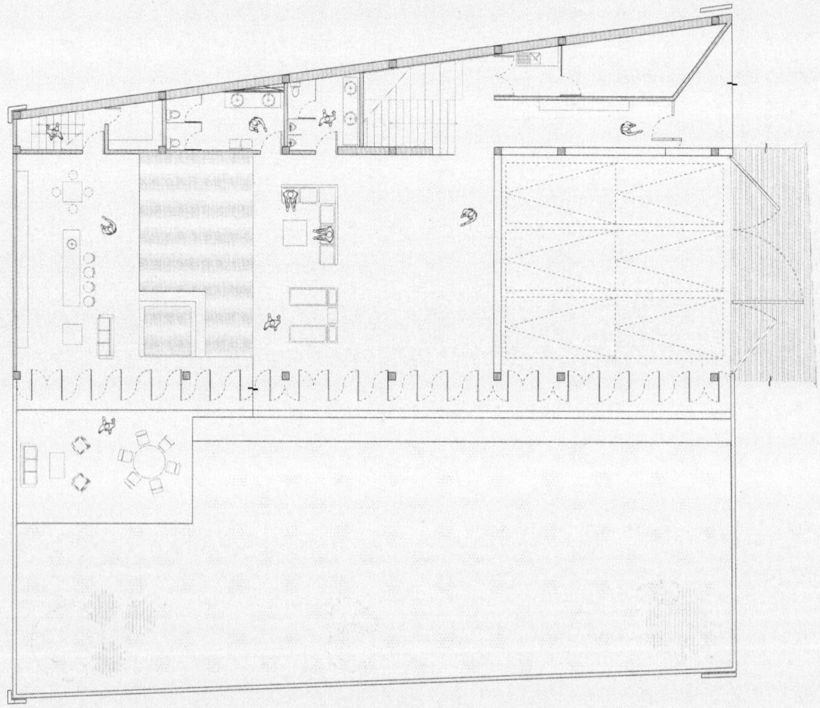

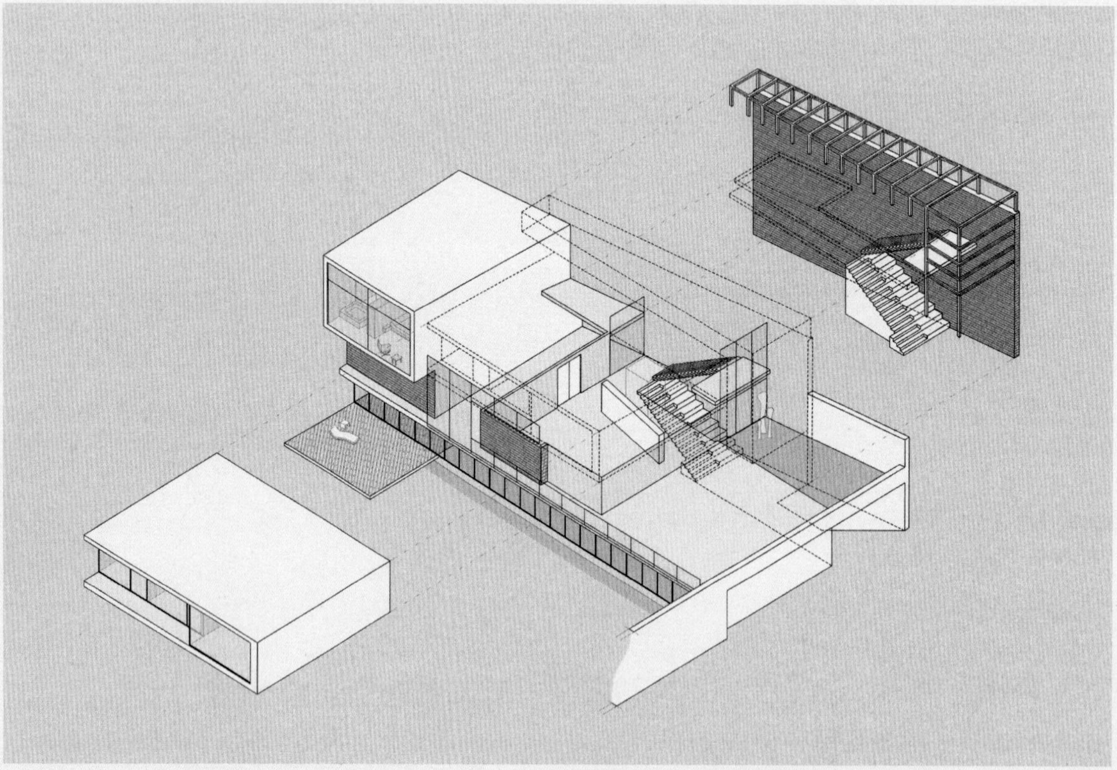

6 USG Stands

2007-2014
19°26′23.6″N / 99°13′27.1″W
Mexico City, Mexico

Over the years, the stands designed for USG México have explored formal and construction innovation as a reflection of the brand's values. From sculptural solids symbolizing versatility (2011), to a complex paraboloid geometry (2012), a suspended inverted pyramid (2014), and visual games with perspective and scale (2015), each proposal has combined aesthetics, technology, and spatial provocation to highlight USG's lightweight construction systems.

A lo largo de varios años, los stands diseñados para USG México han explorado la innovación formal y constructiva como reflejo de los valores de la marca. Desde sólidos escultóricos que simbolizan versatilidad (2011), hasta una pieza paraboloide de geometría compleja (2012), una pirámide invertida suspendida (2014), y juegos visuales con perspectiva y escala (2015), cada propuesta ha combinado estética, tecnología y provocación espacial para destacar los sistemas de construcción ligera de USG.

USG
USG

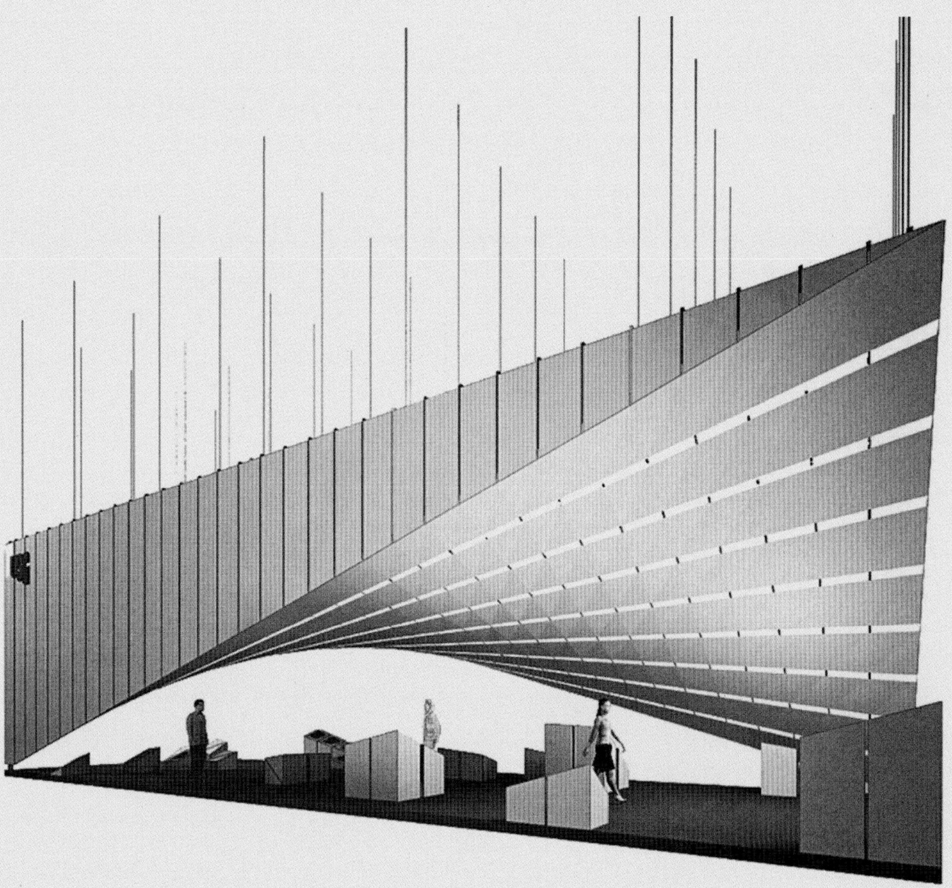

USG

USG
200

Heritage Modernism. "The Journey of Ega Tireh: An Architectural Novel."

Los 30 textos que siguen fueron escritos en distintos momentos.

No se muestran en orden cronológico, ni hay aspiración científica alguna.

Entre ellos encontrará contradicciones -muchas- , y una clara tendencia al extremismo del desacuerdo. Poca o nula empatía con la cotidianidad correcta y canónica. Simplismo ideológico cuando conviene, Complejidad cuando estorba. (Aunque sin desconocer la relevancia y diversidad de los temas abordados).

Las vivencias son las que escriben, y la persona que aparece es un objeto magullado que defiende su inconformidad por defecto... y también por ignorancia.

No es un grito de batalla. Es un tratamiento a la locura de quien escribe. Esta defensa es atemporal, irónica, obsesiva y, sobre todo, irresponsable por necesidad.

La opinión aceptada y el deber ser fueron ignorados con premeditación. Sentir algún tipo de ambición editorial o intelectual habría sido un acto de sabotaje, considerando la retribución financiera que este objeto recibe por publicarse.

Por lo tanto, si algún lector llega a identificarse con alguna de estas páginas —y ojalá sea con las partes más luminosas, -si las hay-, concédase entonces libertad condicional a las reflexiones aquí contenidas.

De lo contrario, continúe en cadena perpetua. Un ciclo más. . .una vuelta más. . .

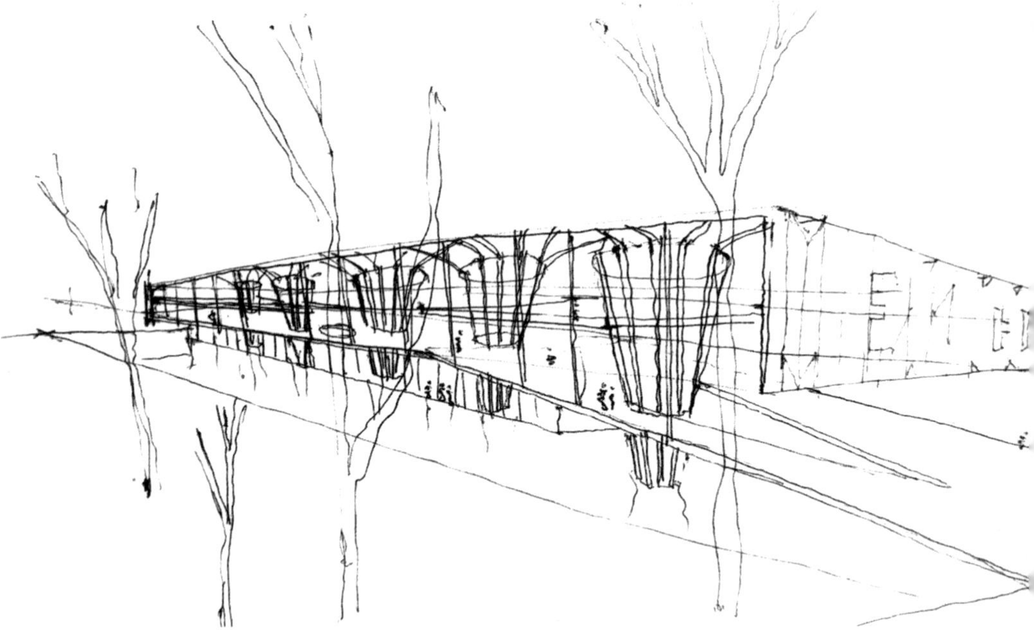

CONTENIDO

1. El culto a lo inútil

(Y otras religiones del diseño contemporáneo)

Reflexiones sobre el ego profesional, los premios, los medios, el culto a la imagen y la teatralización del ejercicio arquitectónico.

Fatiga arquitectónica.

El mil máscaras y el Santo en la venganza de los arquitectos del mal.

El mismo sonsonete. ¿Que no ya pasamos por esta glorieta?

Bajo tierra y sin trofeos.

¡Y si hacemos un muñeco!

La mentira más aceptada.

Fatiga arquitectónica.

Cerca de 500 instituciones de educación superior para Arquitectos en MX. Mas de 70 Colegios de Arquitectos en México. Trescientos mil y cacho de arquitectos en México se han titulado desde mediados del S XX a la fecha. Se gradúan entre 20mil a 25mil cada año. 150 han influido en la historia la arquitectura nacional. Solo 20 posiblemente son trascendentes a sus fronteras y tiempo:

- **Enrique del Moral** (1906–1987)
- **Juan O'Gorman** (1905–1982)
- **Luis Barragán** (1902–1988)
- **Carlos Lazo** (1914–1955)
- **Mario Pani** (1911–1993)
- **Félix Candela** (1910–1997) – (español nacionalizado mexicano).
- **Vladimir Kaspé** (1910–1996) –(de origen ruso, desarrolló su carrera en México).
- **Pedro Ramírez Vázquez** (1919–2013)
- **Francisco Serrano** (1937–)
- **Teodoro González de León** (1926–2016)
- **Ricardo Legorreta** (1931–2011)
- **Agustín Hernández** (1924–2022)
- **Isaac Broid** (1952–)
- **Enrique Norten** (1954–)
- **Javier Senosiain** (1948–)
- **Alberto Kalach** (1960–)
- **Fernando Romero** (1971–)
- **Iñaki Echeverría** (1972–)
- **Michel Rojkind** (1970–)
- **Tatiana Bilbao** (1972–)
- **Frida Escobedo** (1979–)

La revista más popular en mx ha publicado a 500 nacionales desde finales del siglo pasado. Son pocos para el menú de 300k que ejercen hoy la profesión o que malos son en verdad los 299,500 que no ha publicado nunca.

Todo el rollo anterior para decir lo que a veces se olvida entre selfies y reflectores: el arquitecto NO es un artista, ni una vedette, ni un showman, ni nada por el estilo. El arquitecto es, o debería ser, un profesionista al servicio de los demás, no de su propio ego, ni de su lugar en la historia. No diseña para dejar su nombre inscrito en placas de mármol ni para recibir aplausos en conferencias. Su tarea es otra. Más silenciosa, más dura, más noble.

El arquitecto ~~debería~~ debe existir como un monje de la construcción: austero, consciente y comprometido. **Ajeno a la vanidad del éxito, y enteramente entregado a mejorar la vida de otros a través del espacio.**

El mil máscaras y el Santo en la venganza de los arquitectos del mal.

El recelo se acumula en el gremio sin mostrarse, las máscaras nunca caen, se mantienen invictas hasta en la más dolorosa derrota. En público siempre se vitorea al rival, más en corto la verdad asoma, en la cama consume. Se lucha en el ring y se acepta la derrota previamente pactada, eso sí; se compite a tope. Aunque pellizcos y manotazos no se valen, son comunes, y por ahí ~~chance~~ en un descuido se gana. En el concurso; ante el gremio el ganador asume la victoria cual dios salvador, y el perdedor hace berrinche cual escuincle con pelota ponchada y después minimiza el concurso. Los medios conceden la victoria con reservas, hay que dejar siempre una salida que les salve el pellejo, más delgado que el de un pollo, se cuece fácil. La arquitectura, antes de serlo, es una partida de lucha libre, no pierde el peor ni gana el mejor, el más amigo triunfa. Las mil máscaras son pocas para un arquitecto, no se sabe con quién se habla, aunque sea la misma persona. Y los Santos son todos, los intocables que están más allá de cualquier cosa. Son los dueños del cuadrilátero, los billeteros, los de las cervezas, los que luchan, la hacen de todo. El único ring que vales es el de ellos. Si hay otro ring hay que descalificarlo, bueno o malo, es otro y es suficiente motivo. Ahí va el Santo tumbando a quien se le ponga enfrente, momias, marcianos, zombies, lo que sea. Menos a sus cuates. El Blue Demon la hace de malo en el ring, afuera siempre gran amigo del Santo...pero siempre y sin excepción alguna, ninguno de los dos se quitará la máscara... ~~Que espectáculo tan malo.~~

El mismo sonsonete. ¿Que no ya pasamos por esta glorieta?

Cada año dan el pritzker, (con el subtítulo coloquial que se explica a quien no sabe del premio, es decir a toda la gente menos a los arquitectos; "es el nobel de la arquitectura" o "el Oscar de la arquitectura"), a la profesión no le alcanzó para merecer un Nobel y pues se inventaron uno para ganar algo de dignidad y como el gremio es de "artistas" el mote de el Oscar del arquitecto también encaja bien. (Todos soñamos alguna vez con un pritzker, si me llaman difícilmente diría que no. Pero eso no va a ser) La verdad es que pocos entendemos porque se lo dieron este año a sutanito o perenganito, cada año hay polémica y los que lo organizan dan una explicación para ~~justificar~~ soportar la decisión y de ahí nos amarramos para tener tela de donde cortar como es lógico, para un lado o para el otro. Antes del premio se tejen los hilos más oscuros, se inventan demandas para desprestigiar a uno o al otro, es un cochinero. Y desde ahí se puede deducir quienes están postulados. Lo cierto es que hay muchos más arquitectos buenos y valiosos, que Pritzkers, cómo en cualquier otro reconocimiento que aplaude la relación social y sobaja a otro escaño el trabajo mismo. He saludado a varios Pritzkers, con alguno he comido y paseado, los encuentros humildes en su mayoría. No sé si es falsa humildad o verdadero humanismo. No los conozco tanto.

Pero cada año al pasar por la glorieta de los laureados veo la escultura en turno bien erguida al centro, como general triunfante a caballo, del que pocos saben que hizo y en donde triunfó, y me pregunto si es la misma figura del año pasado, si la cambiaron o solo la restauraron. Acá desde hace 45 años le seguimos dando vueltas a la glorieta de Barragán, esperando al valiente que lo baje del caballo. (Ya se ve cerca a una doncella con trabajo vistoso y las redes sociales suficientes para destronar al rey. A ver si sobrevive al chisme que seguro le inventarán) Cómo sea, pasar por la glorieta siempre es buena referencia para saber si estas perdido y retomar el rumbo. Gracias Pritzkers. Su trabajo siempre será de 5 estrellitas. * * * * *

Bajo tierra y sin trofeos.

Convencionales personajes de ficción seudoarquitectos de profesión y curadores de vocación oportunista, han perfeccionado el arte de admirar en silencio aquello que jamás pedirán prestado y de lo que jamás formarán parte. No por humildad, sino por una ofensa íntima que los separa del oficio real.

Saben que nunca serán arquitectos en el sentido profundo de la palabra, así que ascienden su incompetencia profesional al cómodo trono de 'editores', 'curadores' o 'críticos'. Desde allí, diseccionan y publican la obra de otros, como si el análisis sustituyera la creación, como si sentarse a la mesa del reconocimiento bastara para haberse ganado el pan.
Se rodean de amigos pagados con menciones en revistas, celebran premios ajenos con sonrisas tensas y dominan, como pocos, el talento de aplaudir mientras digieren el ácido de su propia frustración. Porque sí: también se puede tener malestar estomacal en una gala de arquitectura. Aplauden con una mano mientras con la otra toman notas para planear un "mejor" éxito propio. Soslayan los méritos ajenos con diplomática elegancia, esa que disfraza la envidia de cortesía. Se vuelven fans... pero solo de los miembros del club, y únicamente mientras buscan el momento preciso para ocupar su lugar. Fingen admiración por la obra del otro mientras ya están calculando cómo atropellarlo sin que lo note, claro porque la gentileza es importante. El juego no es crear, es parecer. No es edificar, es estar en la foto.

La pila de revistas, esas vitrinas de vanidad editorial, merece ser quemada. Son depósitos de artículos de compromiso, de proyectos elegidos a dedazo. Prenderles fuego sería, al menos, un acto simbólico: un homenaje al arte de llenar espacio con nada... y ver cómo desaparece en un espectáculo de cenizas. (agregar este libro de paso) Invierten tiempo en aplaudirse entre ell(o)(a) s, fingir lo conveniente y competir en una carrera hacia ningún lado... porque al final, todos terminan igual: bajo tierra, sin trofeos, sin portadas, sin hashtags.

¡Ah no! son personajes de ficción. ¡Son inmortales!

¡Y si hacemos un muñeco!

¿De dónde salen esas joyitas arquitectónicas que publican en las revistas? La tradicional "cajita" muy limpia, por allá la otra casa con un cantiléver salvaje, y las que son dos "lositas" una para el piso y otra para la losa; lo demás todo de vidrio para que "flote". Otras casas más aventuradas que son un círculo perfecto de puro concreto aparente. ¡Qué cosa tan deshumanizada! desarquitecturizada! Ahí está la pequeña Anna que le canta a su hermana desde el otro lado de una puerta cerrada... ¿Y si hacemos un muñeco?... Del otro lado de la puerta el arquitecto que se ha aislado del mundo, Elsa se esconde por miedo a no lastimar a los demás, el arquitecto se esconde de la sociedad por no lastimar su ego...por eso esas casas inhabitables pero muy fotogénicas.

Hay un intento desesperado de la comunidad por conectar con el arquitecto y recuperar la relación de servicio, la esperanza y el deseo de reconquistar una relación rota entre arquitectura y sociedad. Anna quiere simplemente hacer un muñeco de nieve!, una actividad sencilla y divertida, ¡¡¡¡La gente quiere solo una casa bien hecha donde vivir!!! El Arquitecto no responde, atrapado detrás de la puerta en su propia lucha interna con el miedo al fracaso que existe solo en su imaginación. El arquitecto permanece en su castillo de hielo cantando "Libre soy" su himno de empoderamiento y autoaceptación de una verdad que solo él ve. Aislado y en ruptura con su gente y su naturaleza. ¿Y si ya hacemos un muñeco?

La mentira más aceptada.

La imagen aislada del contexto de origen, destruye lo construido en las lejanías. Es anárquica, detonadora de exuberancias en el pensamiento colectivo de lo que constituye hoy el estado del arte de la arquitectura. La singularidad de la crítica demerita o ennoblece lo que no ha desgastado sus zapatos, restringiendo su juicio a impactos visuales a distancia o en sitio por una temporalidad básicamente instantánea en la subsistencia de la obra edificada, es miope por su atemporalidad. La arquitectura debe ser medida al ojo del amo en el tiempo sin justificación de sus clase y no al del invitado que se cree crítico, del que critica por criticar, ~~no del verdadero crítico que entiende y sabe, de esos hay pocos en arquitectura~~. Esto constituye la injusticia, la imparcialidad de la opinión que súplica más de una vida para socavar y transformar el devenir de la arquitectura con autenticidad. Son así las letras escritas obsolescencias de origen ocurrente y momentáneo del entorno construido que las ha sobrevivido. Solo de inspiración visual y temporal, guillotinando otros sentidos; el olfato, el tacto y la audición y traicionando al tiempo. ~~(suena a pallasma?).~~

La experiencia de la obra arquitectónica tiene su métrica en el uso diario a lo largo del tiempo y no en lo inmediato. Las "experiencias", como hoy las oímos, constituyen un delito a la sanidad del pensamiento arquitectónico, se confunden sensaciones transitorias con la rutina del individuo obligada en el uso de lo construido. De ningún modo bastarán unos momentos, semanas o meses para comprender la complejidad de los límites que conferimos académicamente o caprichosamente con el lápiz al espacio, ~~trazos que se hacen roca~~. No hay un deber ser para las fronteras que envuelven al espacio habitado. En la comprensión de lo opuesto se encarna el olvido al origen de la arquitectura. La crítica debe de ser erradicada de las plumas educadas y restringida únicamente al habitante.

Heritage Modernism, "The Journey of Ega Tireh: An Architectural Novel"

The following 30 texts were written at different times.
They are not presented in chronological order, nor do they claim any scientific ambition whatsoever.

Among them, you will find contradictions—plenty—along with a clear tendency toward the extremism of disagreement. There is little to no empathy for the proper and canonical everyday life. Ideological simplicity when convenient; complexity when it gets in the way. (Though without denying the relevance or diversity of the topics addressed).
These are not essays—they are lived experiences writing themselves. And the person behind them is a bruised object defending their default discomfort... and also their ignorance.

This is not a battle cry. It is a treatment for the writer's own madness.
This defense is timeless, ironic, obsessive, and above all, irresponsible by necessity.
Accepted opinions and the "proper way of doing things" were deliberately ignored. To feel any sort of editorial or intellectual ambition would have been an act of self-sabotage, given the financial compensation this object receives for being published.

So, if any reader happens to identify with any of these pages—and ideally, may it be with the brighter parts, *if any*—then by all means, grant yourself temporary parole for the reflections found here.

Otherwise, continue your life sentence.
One more cycle... one more spin...

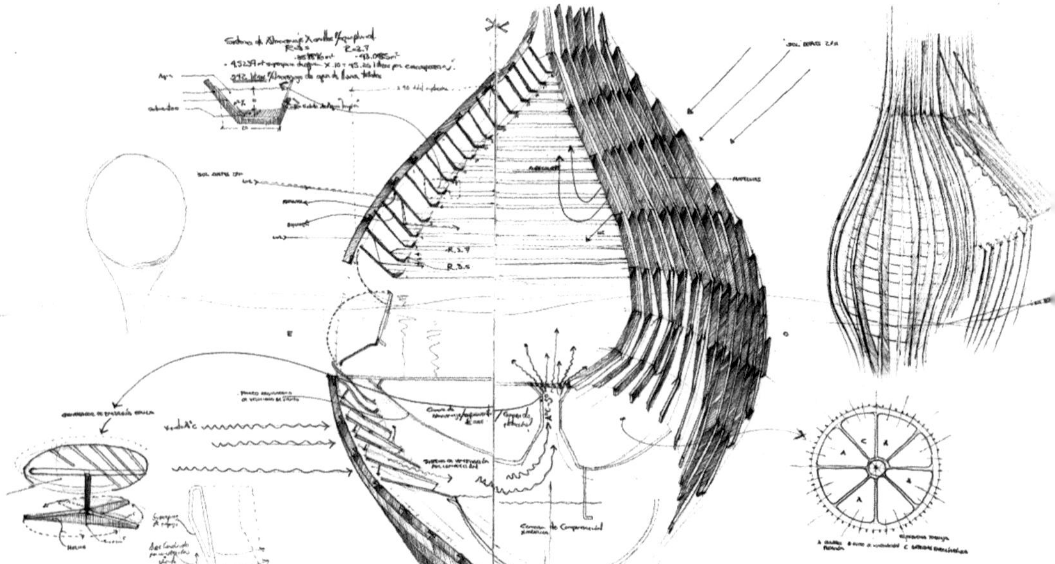

CONTENTS

1. The Cult of the Useless

(And Other Religions of Contemporary Design)

Reflections on professional ego, awards, the media, the cult of image, and the theatricalization of architectural practice.

Architectural Fatigue
El Mil Máscaras y El Santo in the Revenge of the Evil Architects
Same Old Tune. Haven't We Been Around This "Glorieta" Already?
Underground and Without Trophies
What If We Build a Snowman!
The Most Widely Accepted Lie

Architectural Fatigue

Around 500 institutions of higher education for Architects in MX. More than 70 "Colegios de Arquitectos"[1] in Mexico. Three hundred thousand and change architects have graduated in Mexico from the mid-20th century to now. Between 20,000 and 25,000 graduate every year. 150 have influenced the history of national architecture. Only about 20 are possibly relevant beyond borders and time:

Enrique del Moral (1906–1987)
Juan O'Gorman (1905–1982)
Luis Barragán (1902–1988)
Carlos Lazo (1914–1955)
Mario Pani (1911–1993)
Félix Candela (1910–1997) – (Spanish, naturalized Mexican)
Vladimir Kaspé (1910–1996) – (Russian-born, developed his career in Mexico)
Pedro Ramírez Vázquez (1919–2013)
Francisco Serrano (1937–)
Teodoro González de León (1926–2016)
Ricardo Legorreta (1931–2011)
Agustín Hernández (1924–2022)
Isaac Broid (1952–)
Enrique Norten (1954–)
Javier Senosiain (1948–)
Alberto Kalach (1960–)
Fernando Romero (1971–)
Iñaki Echeverría (1972–)
Michel Rojkind (1970–)
Tatiana Bilbao (1972–)
Frida Escobedo (1979–)

The most popular architecture magazine in MX has featured 500 nationals since the end of the last century. That's not many, considering the 300k currently practicing—or maybe the other 299,500 are just really bad.

All that just to say what often gets forgotten between selfies and spotlights:
the architect is NOT an artist, nor a starlet, nor a showman, nor anything of the sort.
The architect is, or should be, a professional in service of others—not of their own ego or place in history. They do not design to get their name carved into marble plaques or to earn applause at lectures. Their task is different. Quieter. Tougher. Nobler.

The architect should exist like a monk of construction: austere, aware, and committed. Far from the vanity of success, and fully devoted to improving the lives of others through space.

[1] *"Colegios de Arquitectos": Professional associations or licensing bodies for architects in Mexico.*

El Mil Máscaras y El Santo in: *The Revenge of the Evil Architects*

Resentment piles up in the guild without showing itself, the "masks"[1] never fall, they stay undefeated even in the most humiliating defeats. In public, the rival is always cheered—*but behind closed doors, the truth shows its teeth, and eats away at you in bed.* They fight in the ring and accept a pre-negotiated loss; still, they compete at full throttle. Sure, pinches and slaps aren't allowed—but they're common. And maybe, just maybe, with a bit of distraction, one can sneak in a win.

In the *competition*, the winner stands before the guild like a divine savior, and the loser throws a tantrum like a "escuincle"[2] with a popped ball—only to later dismiss the competition as meaningless.

The media grants victory *with caution*—they always need a backdoor exit to save their own skin, thinner than chicken, easy to boil.

Architecture, before it becomes architecture, is a round of "lucha libre"[3]. The worst doesn't necessarily lose, and the best doesn't necessarily win—the best connected always triumphs.

A thousand masks aren't enough for one architect. You never know who you're talking to, even when it's the same person.
And the "Santos"[4] are everywhere—the untouchables, beyond judgment. They own the ring, they print the tickets, pour the beers, fight the matches—they do it all.
And the only ring that matters is theirs. If there's another ring, it must be disqualified. Doesn't matter if it's good or bad—it's *other*, and that's reason enough.

There goes El Santo, knocking down anything in his path: mummies, aliens, zombies—you name it. Except his "cuates"[5].

El Blue Demon plays the villain in the ring, but outside he's always the best pal of El Santo...
And yet—always, without exception, neither of them will ever take off the mask.

What a terrible show.

[1] *"Masks" refer to the symbolic personas architects wear to navigate ego, power, and performance within the profession.*
[2] *"Escuincle": Mexican slang for a bratty or mischievous child.*
[3] *"Lucha libre": Mexican professional wrestling, known for its dramatics, masks, and staged fights.*
[4] *"Santos": Refers not just to the wrestler El Santo, but metaphorically to the unchallengeable figures of the architectural elite.*
[5] *"Cuates": Mexican slang for close friends or buddies.*

Same Old Tune. Haven't We Been Around This "Glorieta" Already?

Every year they hand out the Pritzker (with the obligatory side note for anyone who isn't an architect—that is, literally everyone else: "it's the Nobel of architecture" or "the architect's Oscar"). Since the profession wasn't "important" enough to deserve a real Nobel, they went ahead and invented their own, just to gain back some dignity. And since this guild sees itself as made up of "artists," the Oscar analogy fits nicely too.

(Yes, we've all dreamed of winning a Pritzker. If they called, I wouldn't say no. But let's be honest—that call's never coming.)

Truth is, few of us really understand why they gave it to sutanito or perenganito[2] this year. Every year brings controversy. The organizers throw out some abstract justification to hold the decision together, and we cling to it—naturally—whether to support or tear it apart.

Before the award is even announced, dark threads get spun: lawsuits are invented to discredit one or the other—it's a mess. From that alone, you can guess who's been nominated.

The truth is, there are far more good and worthy architects than there are Pritzkers—just like with any award that praises social positioning and downplays the actual work.

I've met a few Pritzkers. Dined with some. Walked with others. Most of those encounters were humble. I don't know if it was fake humility or real humanism. I don't know them well enough.

But every year, as we circle the "glorieta" of the laureates, I look at the current statue, standing tall at the center like a triumphant general on horseback. Few know what this general did, or where exactly he triumphed. And I ask myself if it's the same statue as last year, or if they changed it, or just cleaned it up a bit.

Here, for the past 45 years, we've kept circling the "Glorieta de Barragán," waiting for someone brave enough to pull him down from the horse. (A certain "doncella"[3] is already approaching—she's got flashy work and enough social media momentum to dethrone the king. We'll see if she survives the gossip they'll surely invent about her.)

Anyway, passing by the glorieta is always a good reference to know if you're lost and need to get back on track.

Thank you, Pritzkers. Your work will always get five little stars.

[1] *"Glorieta": Mexican roundabout, used here as a metaphor for repetition and going in circles.*
[2] *"Sutanito" / "Perenganito": Placeholder names in Mexican Spanish, roughly equivalent to "whatshisname" or "so-and-so."*
[3] *"Doncella": Literally "maiden" or "young woman"; used here with irony, referring to a rising female architect poised to break the established order.*

Underground and Without Trophies

Conventional fictional characters, pseudo-architects by profession and curators by opportunistic vocation, have perfected the art of silently admiring that which they will never dare borrow—let alone be part of. Not out of humility, but because of an intimate offense that separates them from the real craft.

They know they'll never be architects in the deeper sense of the word, so they elevate their professional incompetence to the comfortable throne of "editors," "curators," or "critics." From there, they dissect and publish the work of others, as if analysis could substitute creation, as if simply sitting at the recognition table were enough to have earned your bread.

They surround themselves with friends paid in magazine mentions, celebrate other people's awards with tight smiles, and master like few the talent of clapping while swallowing the acid of their own frustration.

Yes: you *can* have a stomachache at an architecture gala. They applaud with one hand while taking notes with the other, already planning their "better" success story. They downplay others' merit with diplomatic elegance—that kind that dresses envy up as courtesy.

They become fans... but only of those already in the club—and only while they wait for the right moment to steal their seat. They fake admiration while already calculating how to run them over—without being noticed, of course. Gentleness matters.

The game isn't to create, but to appear. It's not about building—it's about being in the photo.

The stack of magazines, those showcases of editorial vanity, deserves to be burned. They're full of compromise articles, projects chosen by "dedazo"[1]. Setting them on fire would at least be symbolic: a tribute to the art of filling space with nothing... and watching it vanish in a show of ashes. (*Add this book while we're at it.*)

They invest time clapping for each other, faking what's convenient, and racing toward nowhere... Because in the end, they all end up the same: underground, without trophies, without covers, without hashtags.

Oh wait—no! They're fictional characters. They're immortal!

[1] *"Dedazo": Mexican expression referring to appointments or selections made arbitrarily or by favoritism, often without merit.*

Do You Want to Build a Snowman?

Where do those little architectural "gems" in magazines even come from? The classic clean "little box," then another house with some wild cantilever, and the ever-present two-"slab" model—one for the floor, one for the roof; everything else is glass so it can all "float." Then there are the more daring houses: perfect concrete circles.
What a dehumanized thing! De-architecturized!

There's little Anna singing to her sister from the other side of a locked door... *Do you want to build a snowman?*—and on the other side is the architect, isolated from the world. Elsa hides so she won't hurt others; the architect hides from society so his ego won't get hurt.
Hence the uninhabitable homes—yet oh-so-photogenic.

There's a desperate attempt by the community to reconnect with the architect, to revive the sense of service, the hope, the desire to mend the broken relationship between architecture and society.

Anna just wants to build a snowman—a simple, joyful thing. People just want a well-built house to live in!

The architect doesn't answer, locked behind the door, trapped in his own imaginary fear of failure. He remains in his ice castle, singing *Let It Go*, his empowerment anthem, his self-acceptance ballad—clinging to a truth only he sees. Isolated, cut off from his people and his nature.

Do you want to build a snowman already?

The Most Widely Accepted Lie

The image, detached from its original context, destroys what has been built far away. It is anarchic, a trigger of exuberant misconceptions in the collective mind about what today constitutes the "state of the art" in architecture.

The singularity of criticism either diminishes or glorifies what hasn't worn out its own shoes, limiting its judgment to visual impacts—either from afar or during on-site visits that, in truth, are nothing more than momentary flashes against the enduring reality of the built work. It is a myopic gaze born from timelessness.

Architecture should be measured by the eye of the owner, over time and without the bias of class—not by that of the invited guest who believes himself a critic. Especially not by those who critique just to critique, rather than the true critic who understands, who knows—of those, there are few in architecture.

This is what constitutes injustice: the unfairness of opinion—an opinion that would require more than a lifetime to dig deep and transform the course of architecture with authenticity. The written word becomes an obsolete artifact, born from fleeting cleverness, surviving only as long as the built environment tolerates it.

Purely visual and temporary inspiration, beheading all other senses: smell, touch, hearing—betraying time itself. (Sounds like *Pallasmaa*, doesn't it?)

The experience of architectural work finds its true metric in daily use over time, not in immediacy. These so-called "experiences," as we hear about them today, are an offense to the mental health of architectural thinking. They confuse transient sensations with the long-term routines of those who must inhabit what's been built.

There is no way a few moments, weeks, or even months will ever be enough to grasp the full complexity of the spatial limits we define—academically or whimsically—with a pencil. Those strokes become stone.

There is no "should be" for the boundaries enclosing inhabited space. In failing to understand the opposite, we embody the forgetting of architecture's origin.

Criticism should be eradicated from the pens of the educated—and left exclusively to the inhabitant.

7 Octagon Tower

2007
0°00′00.0″N / 0°00′00.0″E
Anywhere

The project envisions a limitless skyscraper composed of an octagonal module that can be multiplied, shifted, or removed as needed, while maintaining its structure and identity. Inspired by the "Plug-in City," it proposes an adaptive, evolutionary architecture that can be inhabited in any context—from Dubai to maritime environments. The tower grows with the user, challenging the traditional notion of the skyscraper.

El proyecto plantea un rascacielos sin límite de altura, compuesto por un módulo octagonal que se multiplica, desplaza o elimina según las necesidades, manteniendo su estructura e identidad. Inspirado en la "Plug-in City", propone una arquitectura evolutiva y adaptable que puede habitarse en cualquier contexto, desde Dubái hasta entornos marítimos. La torre crece con el usuario y desafía la noción tradicional de rascacielos.

__ OCTAGON TOWER

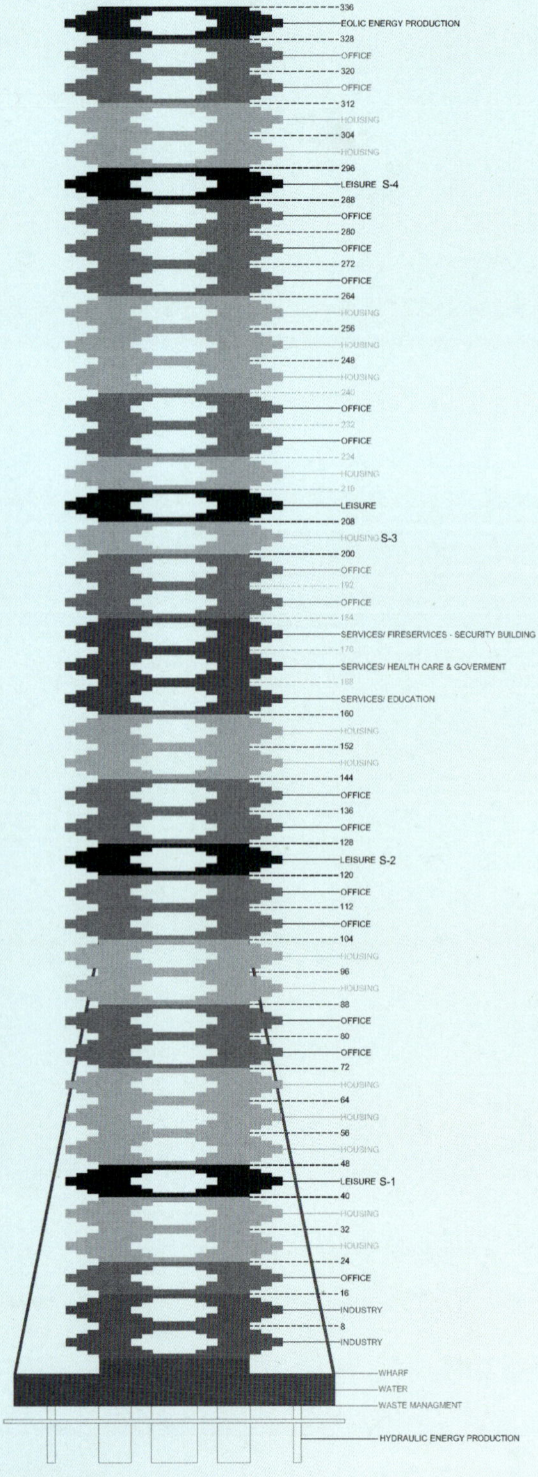

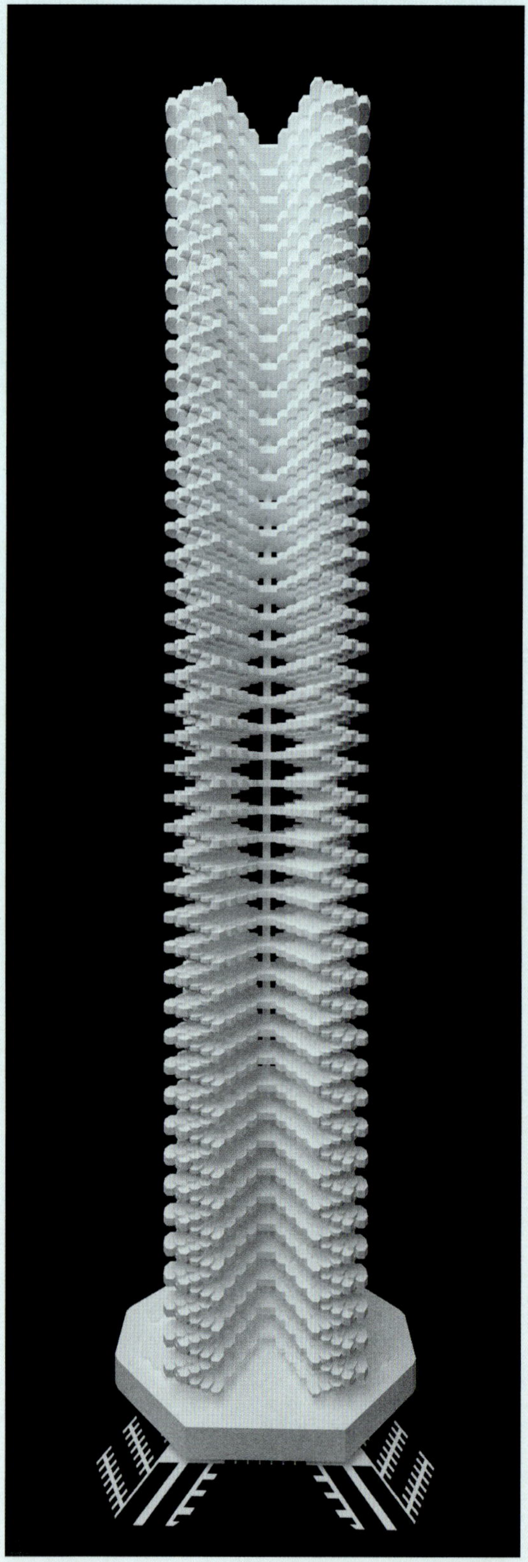

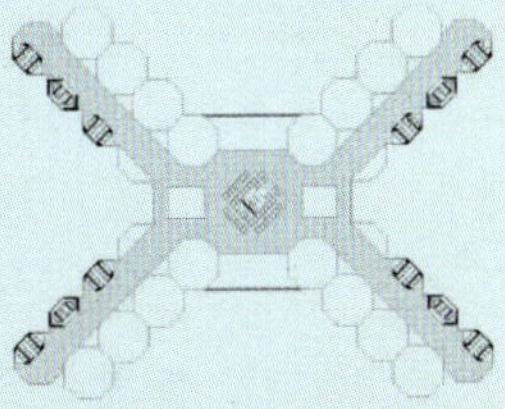

Plan type 1

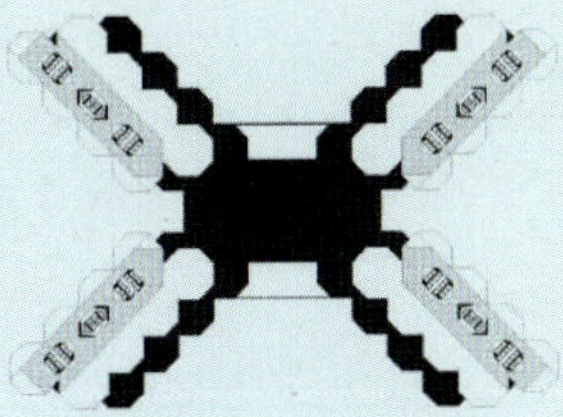

Plan type 2

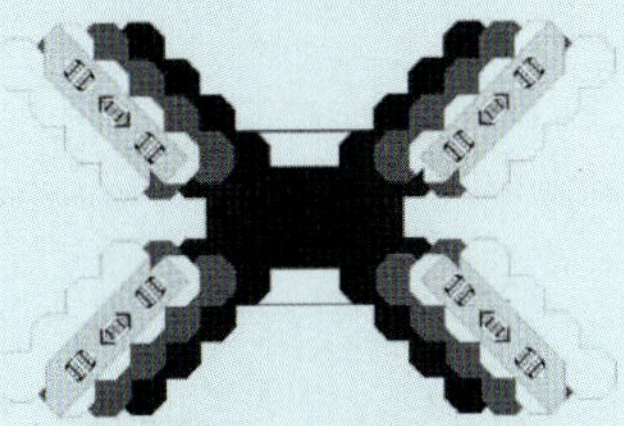

Plan type 3

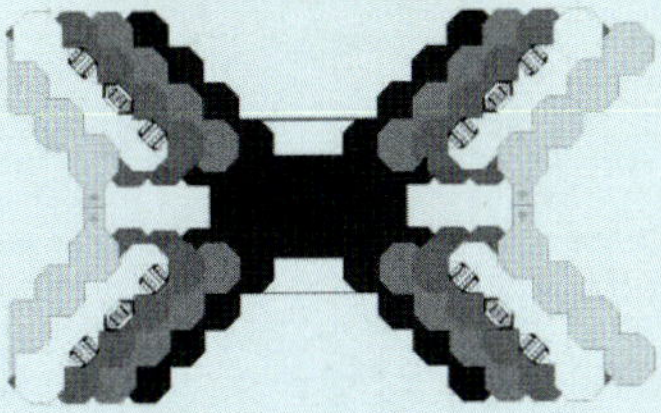

Plan type 4

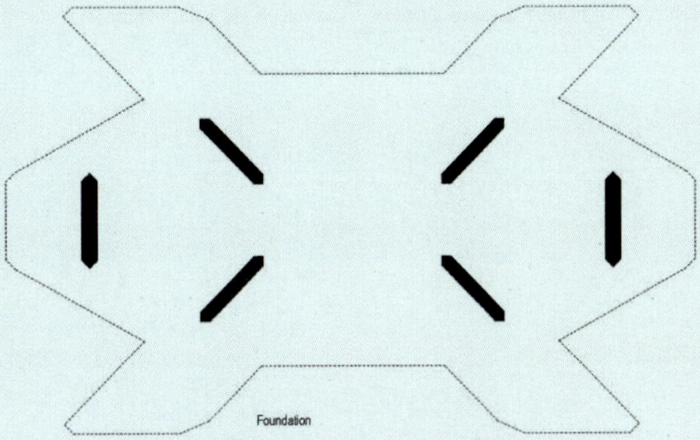

Foundation

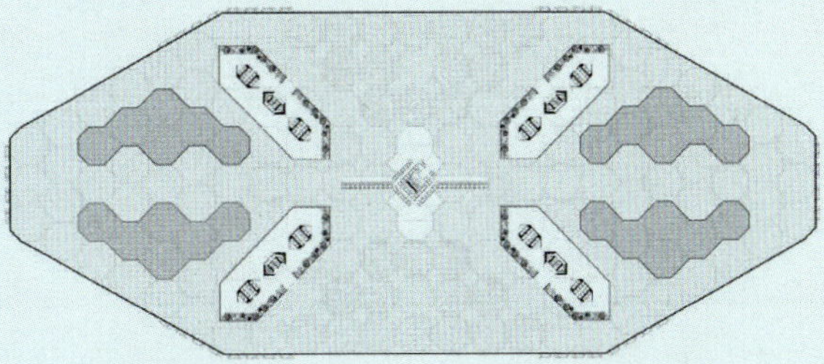

Lobby plan

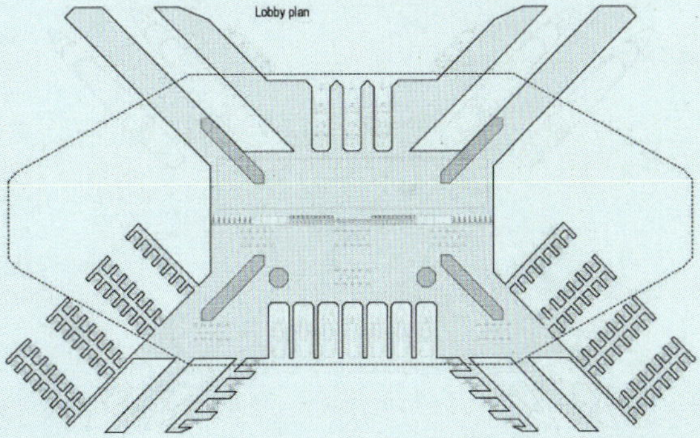

Marine plan

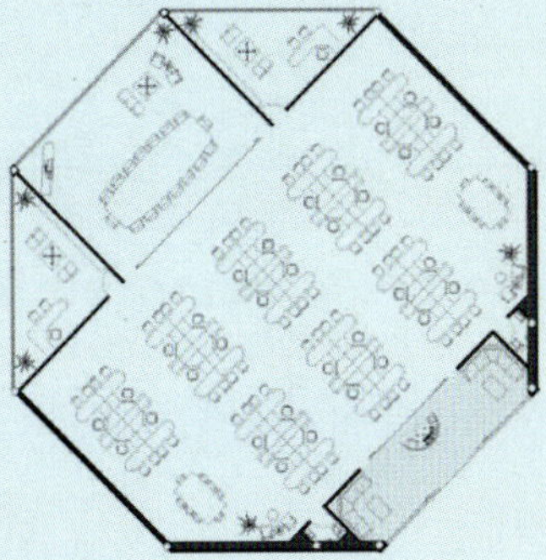

Office type plan

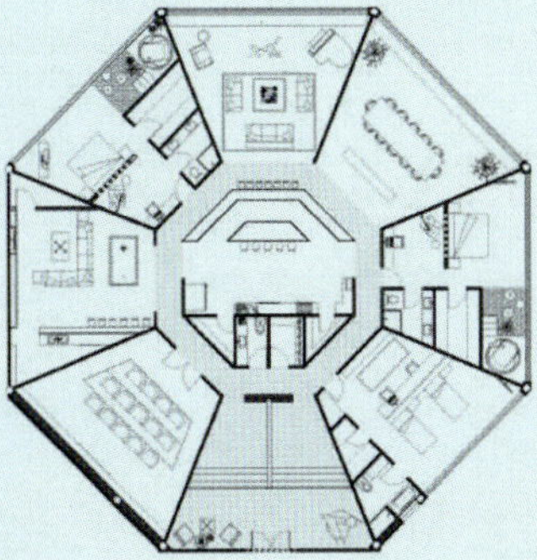

Housing type plan

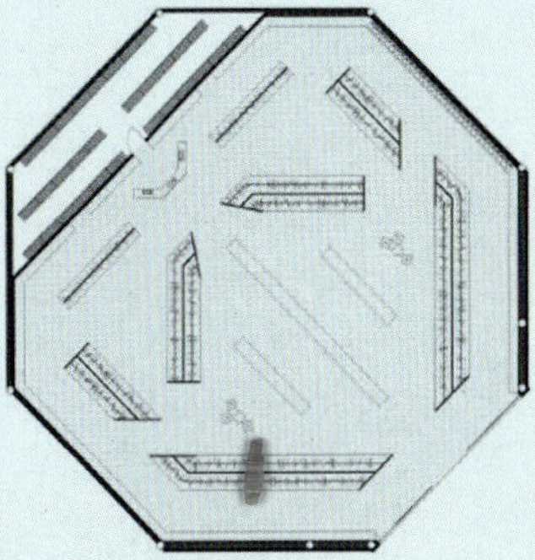

Commercial type plan

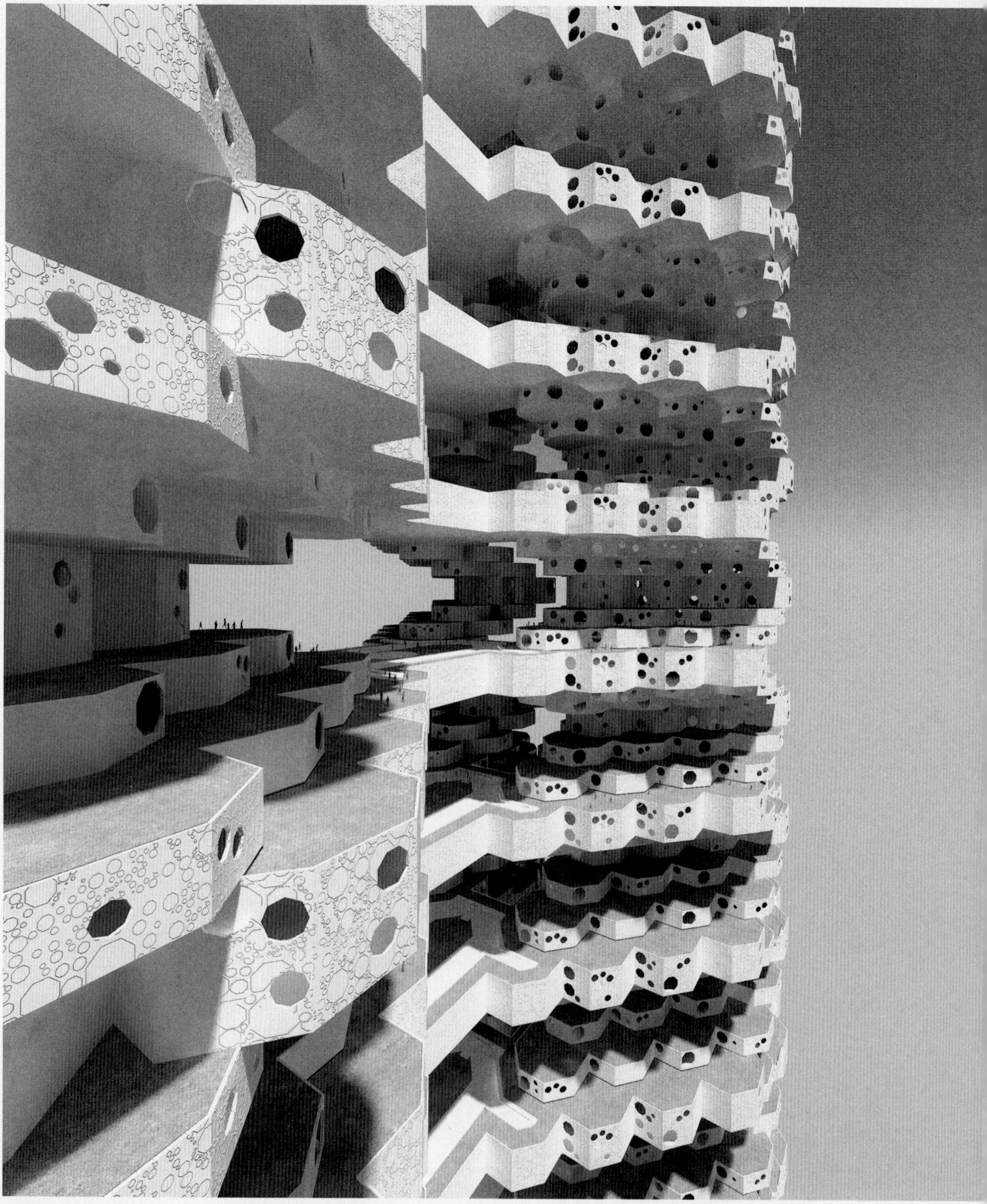

8 Shelters

2007
0°00'00.0"N / 0°00'00.0"E
Anywhere

A prefabricated, modular, economical, and eco-friendly emergency housing proposal designed for 2 to 3 people. Its three-level structure offers a fast and flexible solution that invites a rethinking of contemporary living. Urban Shelter Prototype critiques the architectural homogeneity of cities like Vancouver, proposing a viral and expansive typology that encourages residents to create unique experiences and break away from repetitive models.

Propuesta de vivienda de emergencia prefabricada, modular, económica y ecológica, diseñada para 2 o 3 personas. Su estructura de tres niveles ofrece una solución rápida y flexible que invita a repensar el habitar contemporáneo. Urban Shelter Protptype critica la homogeneidad arquitectónica de ciudades como Vancouver, proponiendo una tipología viral y expansiva que invita al habitante a crear experiencias únicas y romper con modelos repetitivos.

CORTE POR FACHADA FOTOGRÁFICO

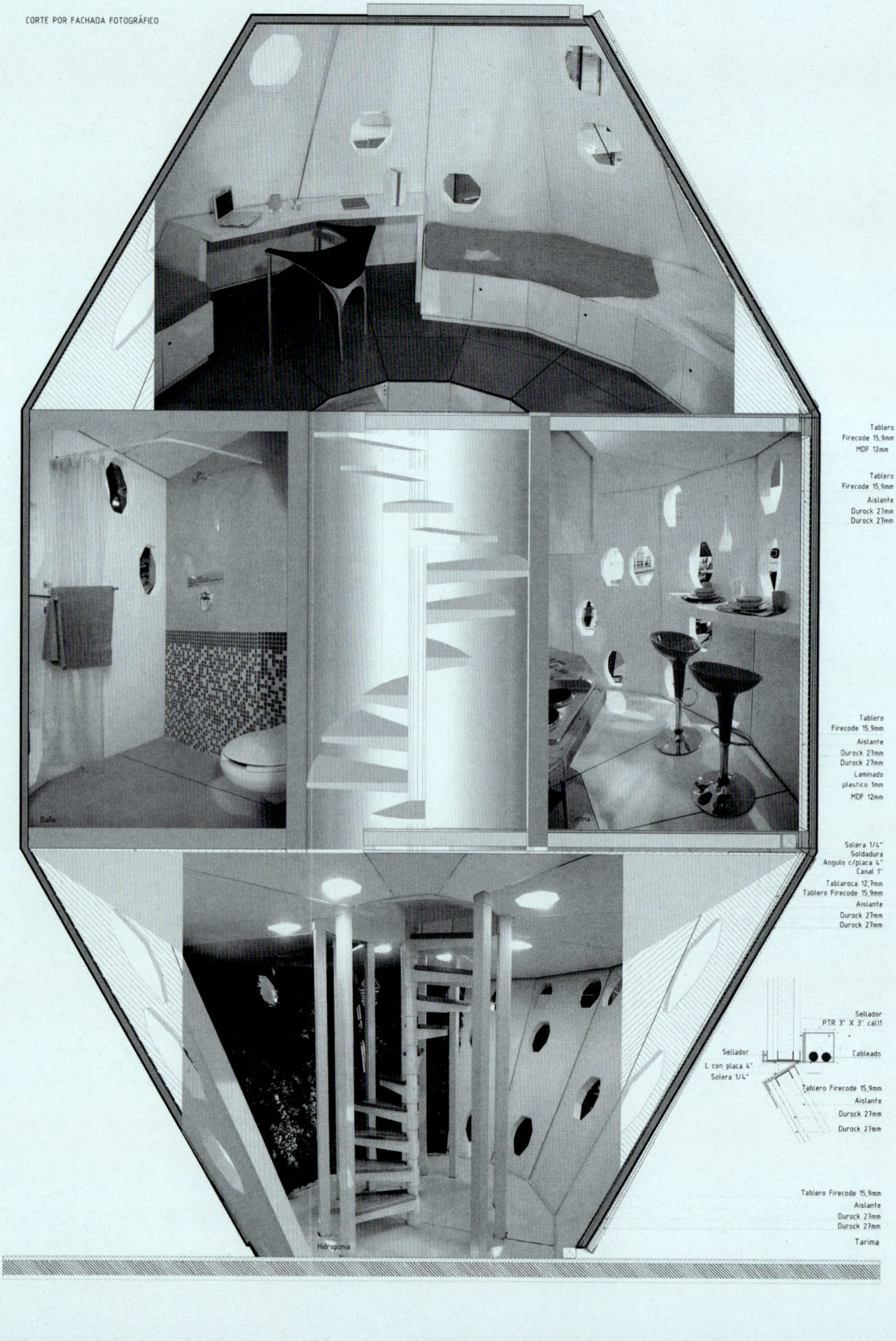

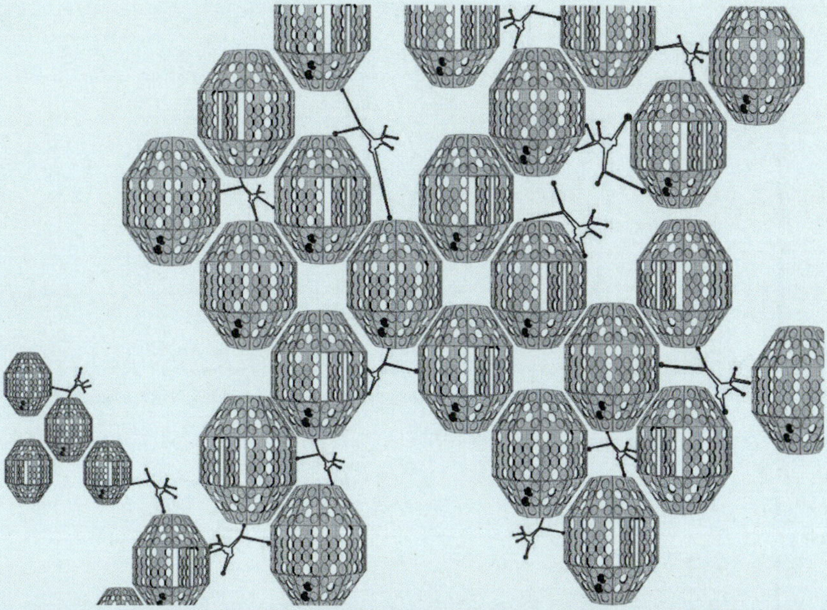

9 Estadio Eduardo Vasconcelos

2008
17°04′11.9″N / 96°42′46.0″W
Oaxaca, Mexico

The project renovates the Guerreros de Oaxaca Stadium while preserving its heritage value and existing structure. A white, lightweight roof—supported externally—was designed to echo the rhythm of the original stadium. A wavy membrane and red accents reinforce its identity, transforming it into a new urban landmark.

El proyecto remodela el Estadio de los Guerreros de Oaxaca respetando su valor patrimonial y estructura existente. Se diseñó una cubierta blanca y ligera, sostenida desde el exterior, que imita el ritmo del estadio original. Una membrana ondulada y acentos en rojo refuerzan su identidad y lo convierten en un nuevo ícono urbano.

SPORT CITY
Corona
VISITANTE

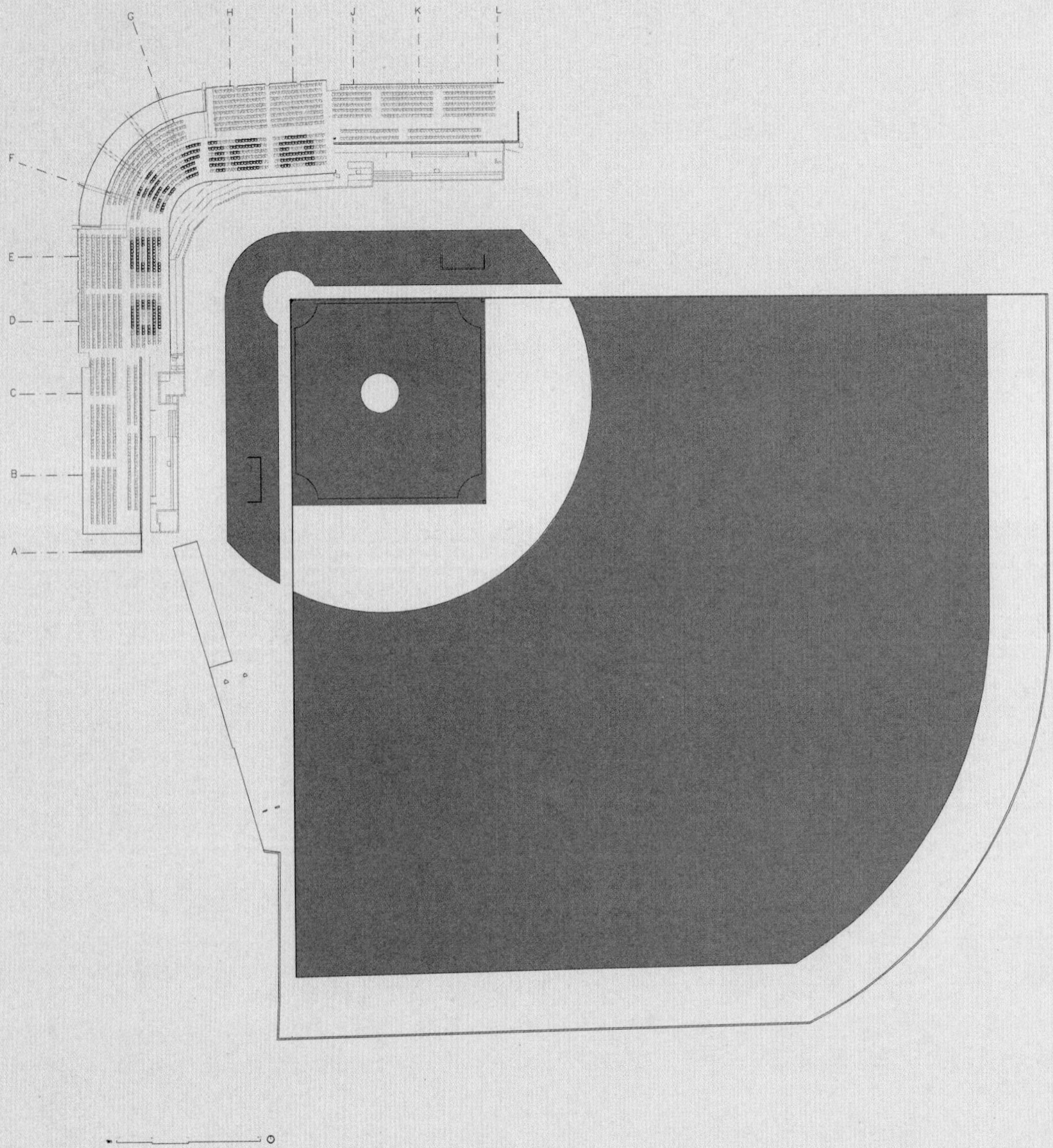
G
H
J
K
L
F
E
D
C
B
A

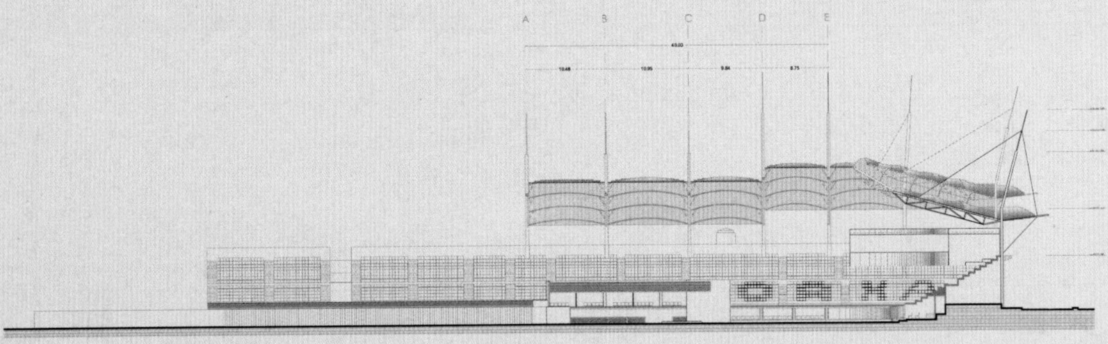
A
B
C
D
E

Banamex
Corona

Corona

10 El Copal

2009
15°39'35.4"N / 96°33'21.2"W
Oaxaca, Mexico

Floating suites, part of a hotel within the La Mandarina Master Plan. Their organic design, made with natural materials, engages with the surrounding landscape and local traditions. Positioned over a proposed lake, they offer an immersive experience of rest and connection with nature.

Conjunto de suites flotantes que forman parte de un hotel dentro del Master Plan de La Mandarina. Su diseño orgánico, con materiales naturales, dialoga con el paisaje y tradiciones locales. Ubicadas sobre un lago propuesto, ofrecen una experiencia inmersiva de descanso y conexión con la naturaleza.

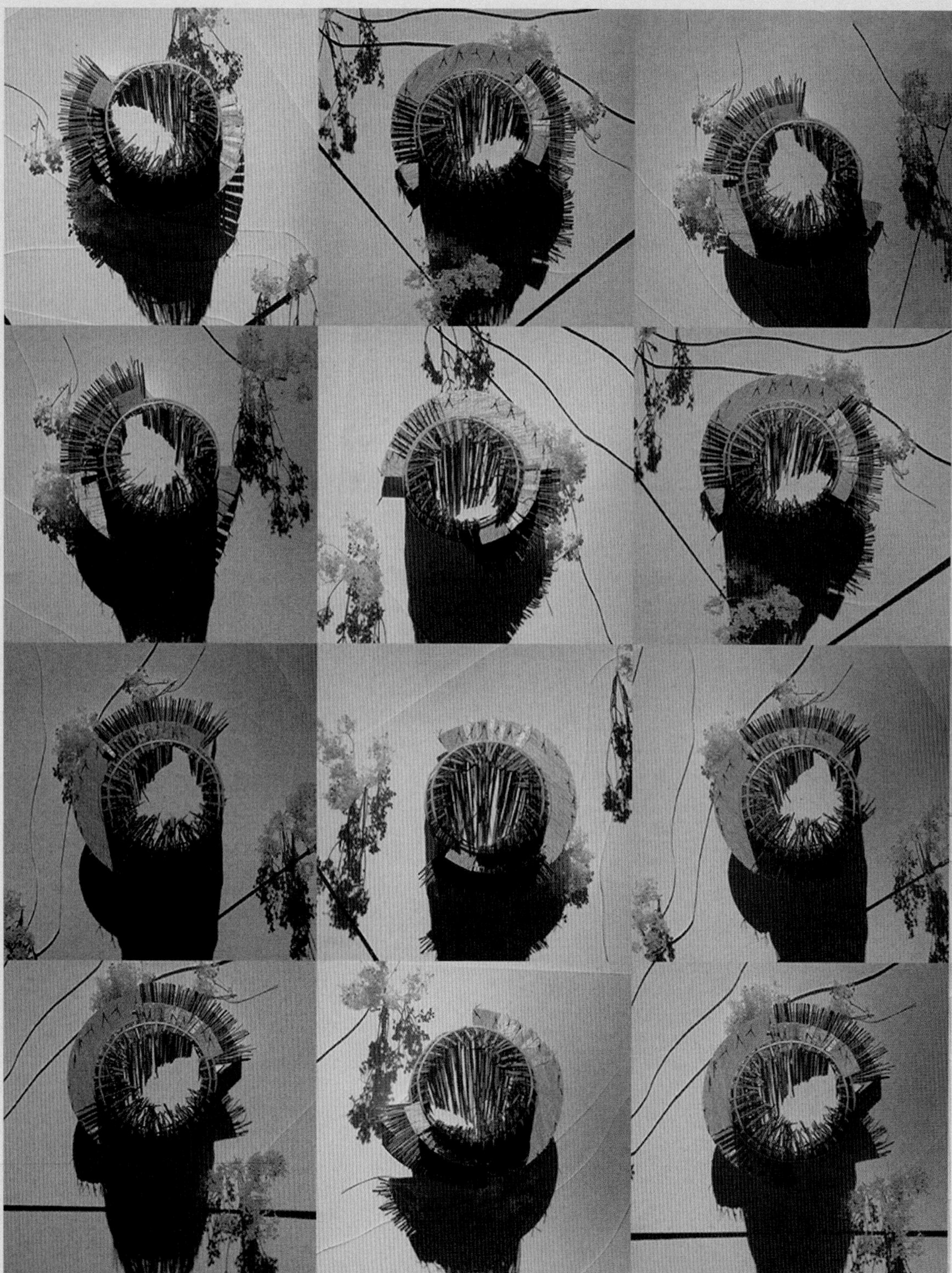

11 Glamping

2011
31°49'18.3"N / 112°45'09.2"W
Sonora, Mexico

This module is based on a 45 m^2 rectangular volume optimized for airflow to enhance energy efficiency. Its semi-oval floor plan and movable side louvers allow for natural ventilation and solar protection. An extended roof frames the structure and provides shade in the most exposed areas.

Este módulo parte de un volumen rectangular de 45 m^2 optimizado según flujos de aire para mejorar su eficiencia energética. Su planta semi ovalada y celosías móviles laterales permiten ventilación natural y protección solar. Una cubierta extendida enmarca la estructura y brinda sombra en las zonas más expuestas.

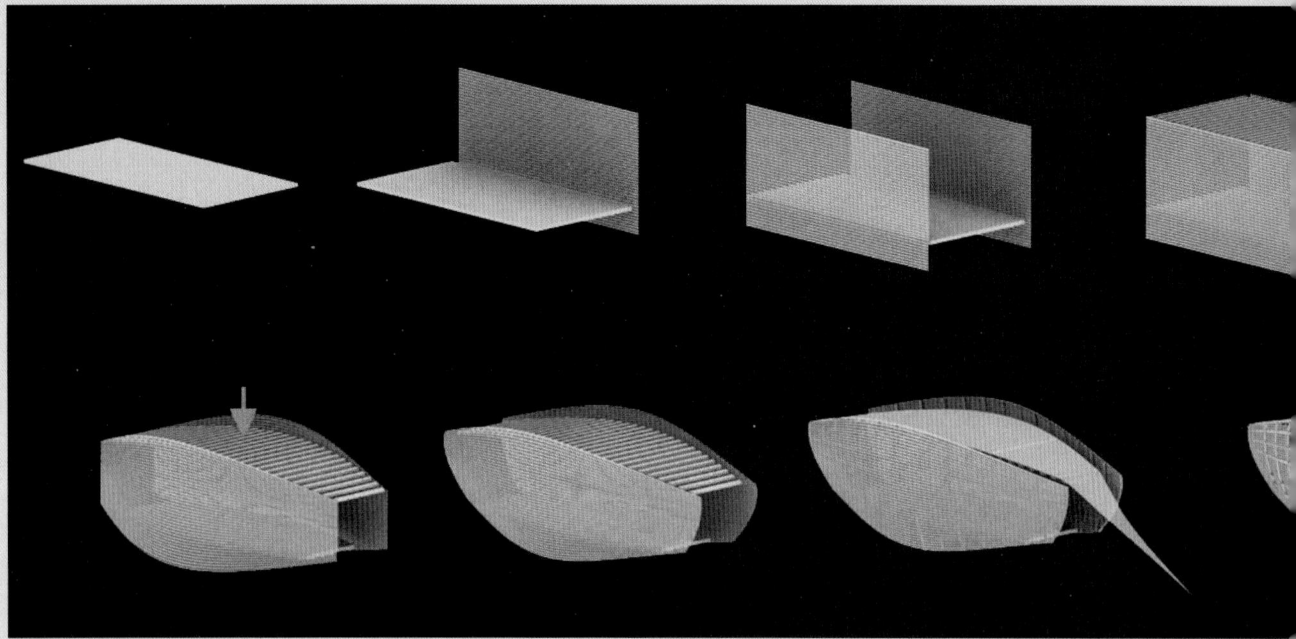

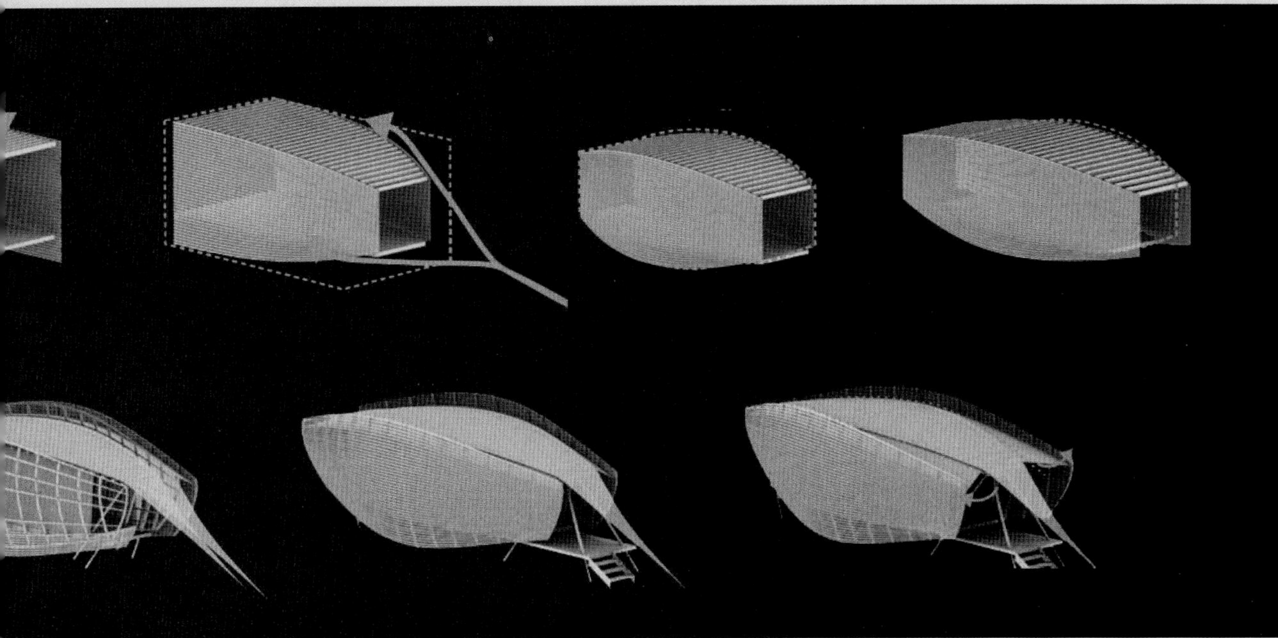

12 Acill Atem

2011
22°09'06.0"N / 100°58'17.1"W
San Luis Potosí, Mexico

Inspired by Neutra's Kaufmann House, the project uses clean lines and passive systems to adapt to the climate of the Sierra Potosina. It is oriented 30° west to capture sunlight on cold days and enable ventilation on warm days. A solid southern volume stores solar heat and releases it at night, enhancing indoor thermal comfort.

Inspirado en la Casa Kaufmann de Neutra, el proyecto utiliza líneas rectas y sistemas pasivos para adaptarse al clima de la Sierra Potosina. Se orienta 30° al poniente para captar sol en días fríos y ventilación en días cálidos. Un volumen macizo al sur acumula calor solar y lo libera por la noche, mejorando el confort térmico interior.

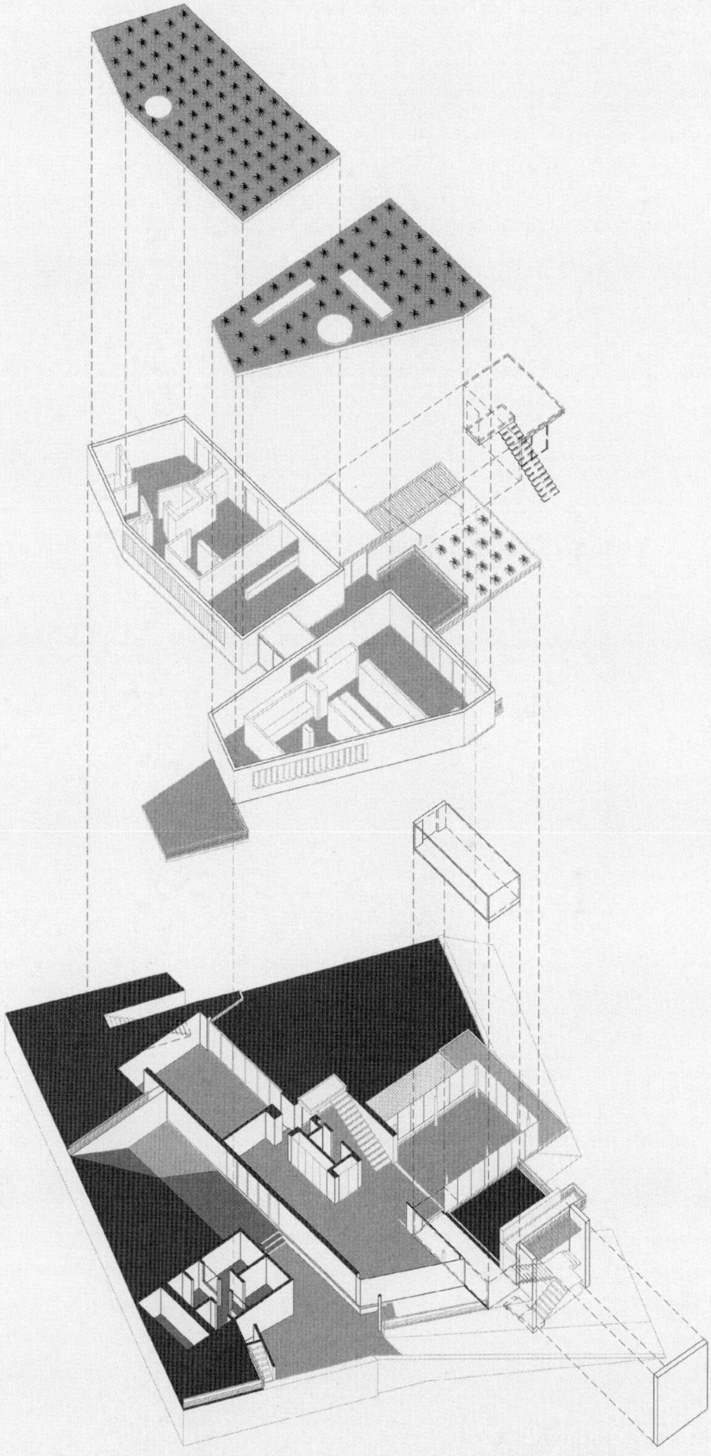

13 El Cantoral

2012
19°21′41.8″N / 99°09′55.8″W
Mexico City, Mexico

Located in Coyoacán, the Roberto Cantoral Cultural Center is inspired by the movement of a conductor's baton. Its fluid architecture engages with nature, incorporates natural light, and features variable acoustics for different concert types. With a capacity of 850 people, it stands out for its award-winning design, energy efficiency, and immersive sensory experience.

Ubicado en Coyoacán, el Centro Cultural Roberto Cantoral se inspira en el movimiento de la batuta de un director de orquesta. Su arquitectura fluida dialoga con la naturaleza, incorpora luz natural y una acústica variable para distintos tipos de conciertos. Con capacidad para 850 personas, destaca por su diseño premiado, eficiencia energética y experiencia sensorial envolvente.

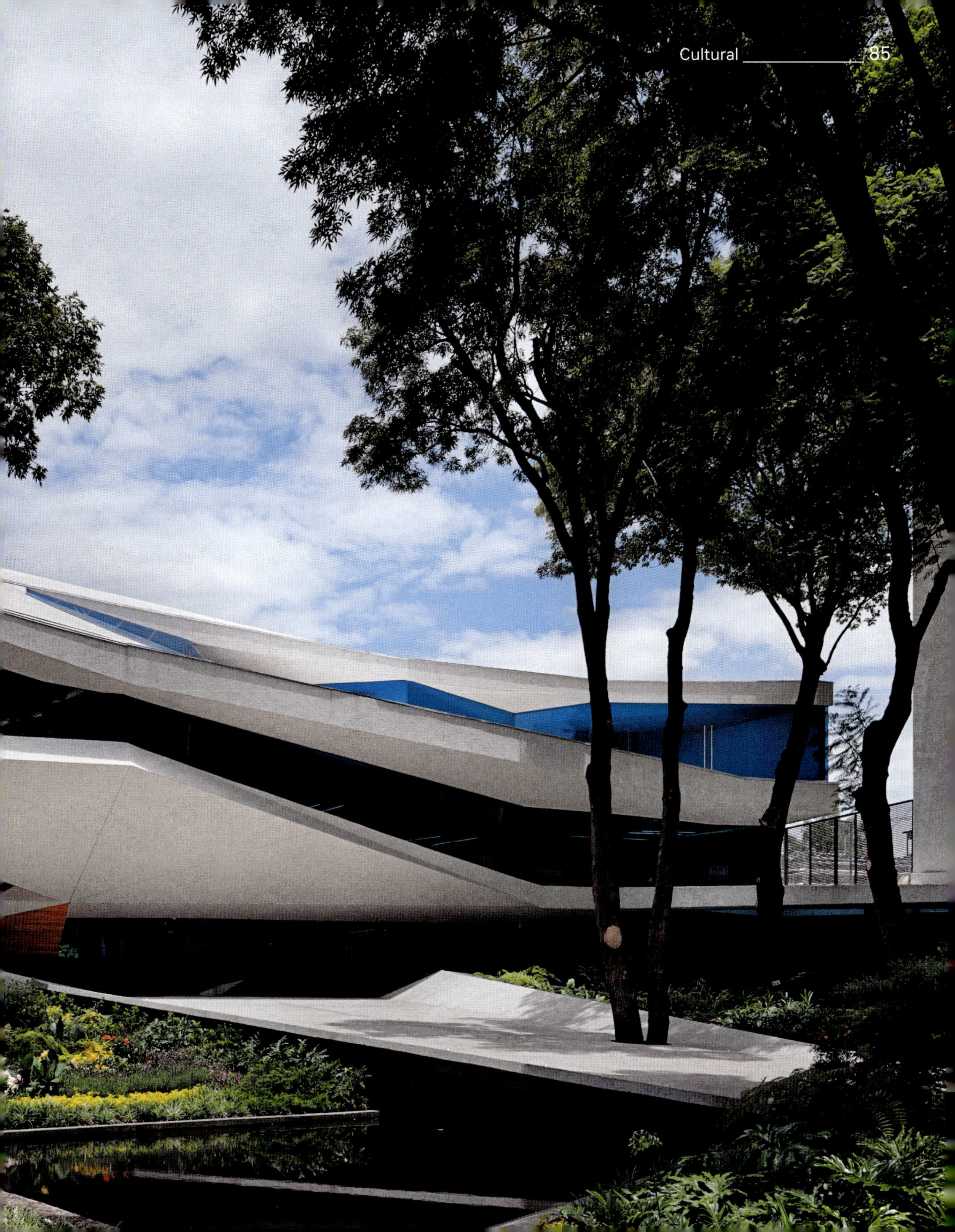

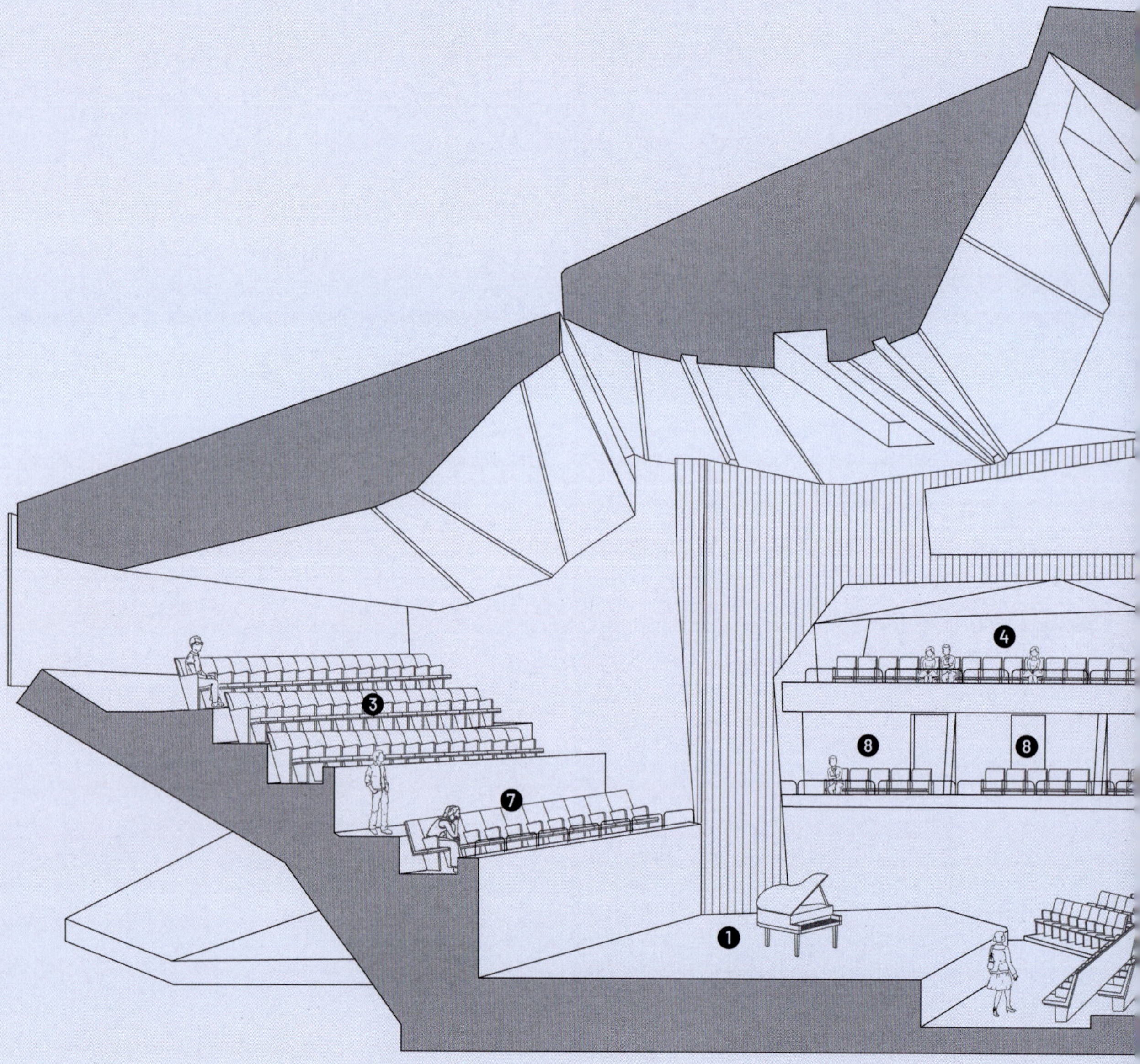

1 Stage
2 Upper harrow
3 Upper choir
4 Balcony
5 Lobby
6 Lower harrow
7 Lower choir
8 King's row

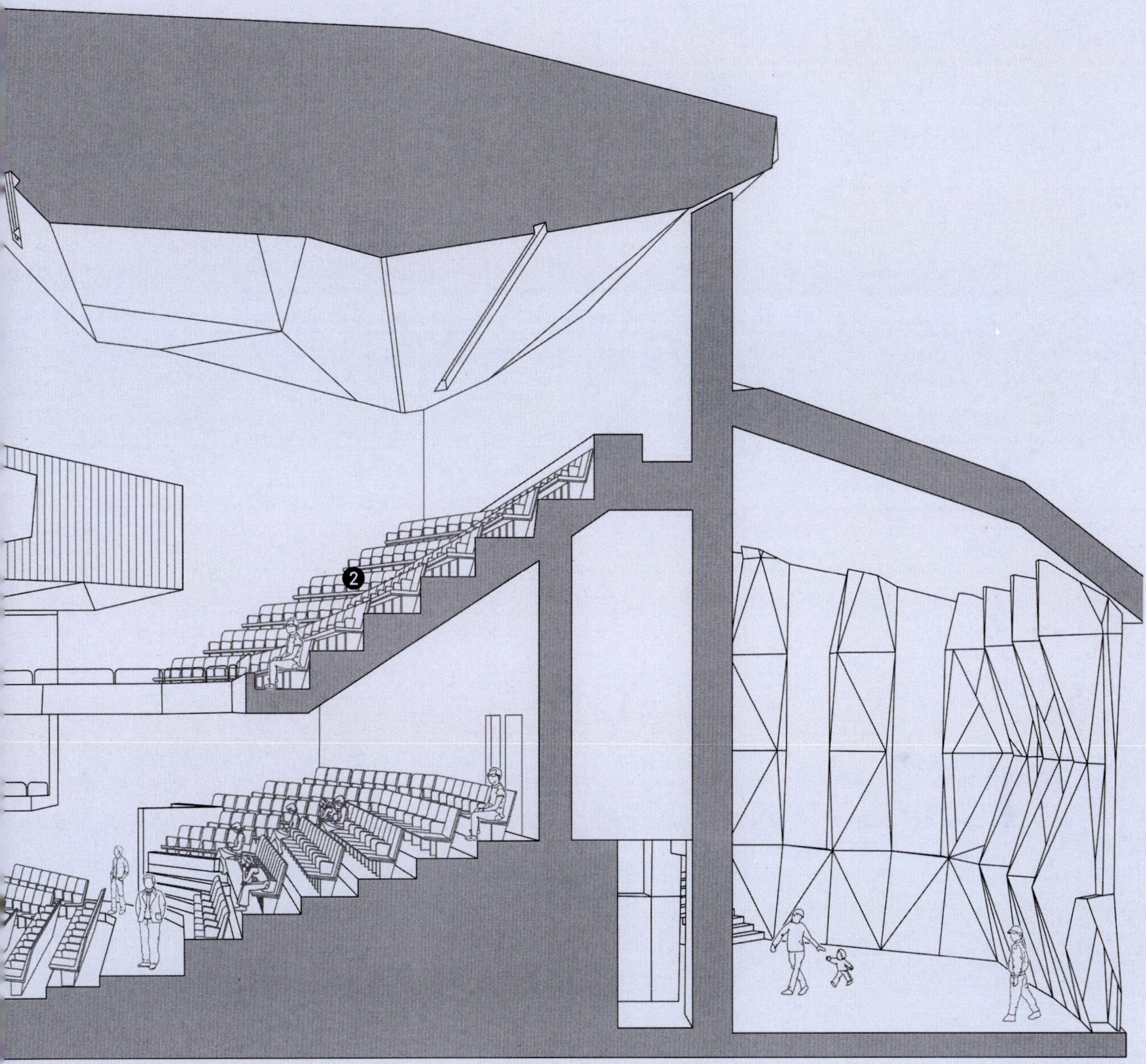
2

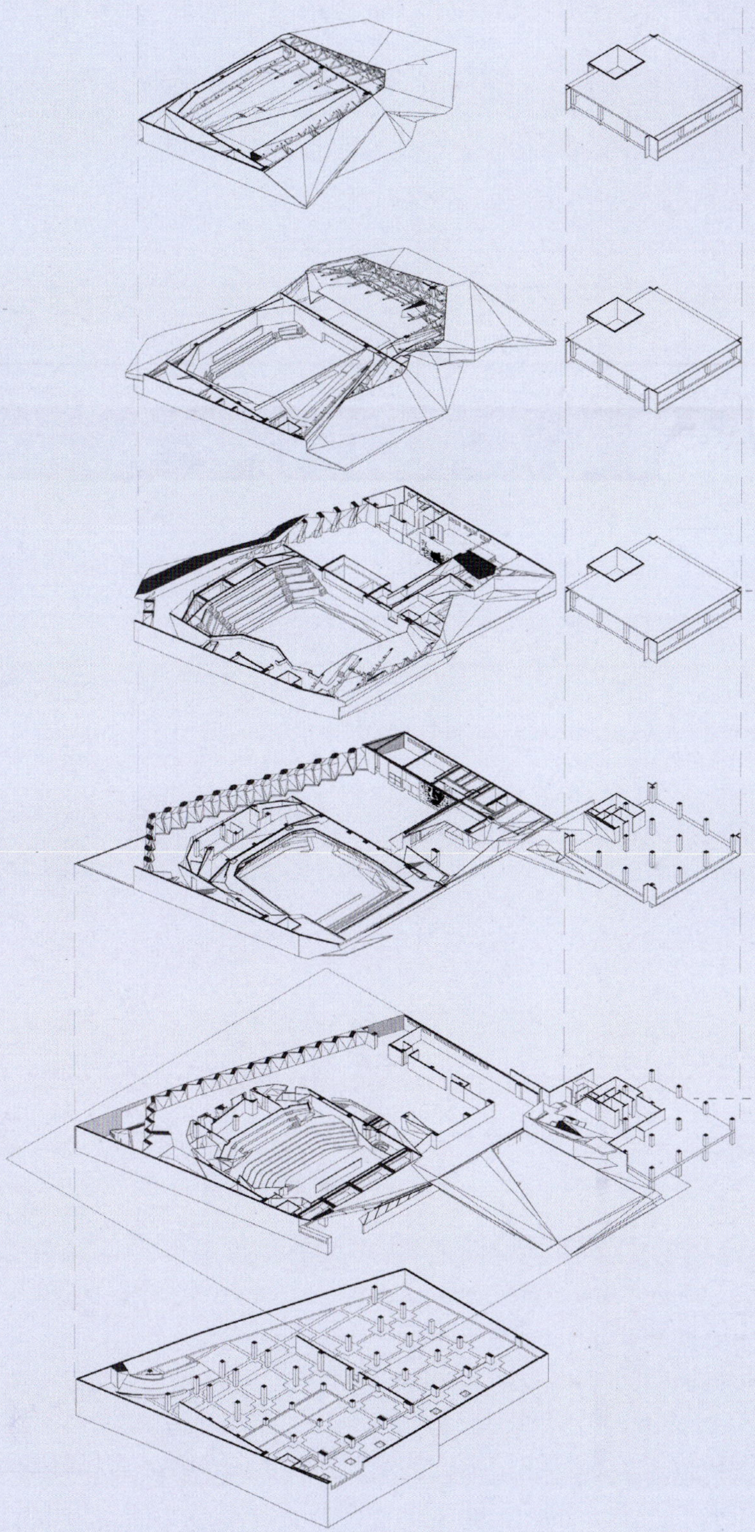
Level 3
Record studio
Control room 1
Coffee room
Chairman's meeting room
Waiting room
Chairman's office
Level 2
Upper harrow
Balcony 1
Balcony 2
Upper choir 1
Lobby
Lunch counter
Office area
Level 1
VIP boxes
Lower harrow
King's row 1
Lower choir
King's row 2
Operational offices
Office area
Access Level
Lobby
Pantry
Snack bar
Nursery
Lower harrow
Stage
Level 5
Parking lot
Level 4
Parking lot
Level 3
Parking lot
Level 2
Parking lot
Level 1
Parking lot
Parking
Basement level -1
Basement level -2
Basement level -3

G
D
B
C

14 Las Mandarinas

2012
20°59'20.7"N / 105°17'34.7"W
Nayarit, México

Like seeds in the jungle, these hotel suites emerge organically along hidden paths, blending seamlessly with the surroundings. Built with guadua, they take on lightweight, stable spherical forms. The complex, with 55 rooms spread across 5 hectares, forms a discreet eco-resort visible only to those who truly seek it.

Como semillas en la selva, estas suites hoteleras emergen de forma orgánica entre senderos ocultos, mimetizándose con el entorno. Construidas con guadua, adoptan formas esféricas ligeras y estables. El conjunto, con 55 habitaciones distribuidas en 5 hectáreas, conforma un resort ecológico discreto, visible solo para quienes realmente lo buscan.

1. Double rooms
2. King rooms
3. Suites
4. Presidential suite
5. Lobby
6. Lobby bar
7. General pools
8. Beach club
9. Specialty restaurant 1
10. Specialty restaurant 2
11. Restaurant all day
12. Snack bar
13. Pool bar

15. Spa
16. Gymnasium
17. Event room
18. Meeting room
19. Cultural center / sales room

21. Administrative offices
22. Retail
23. Disco bar
24. Parking lot
25. Game room
26. Back of the house

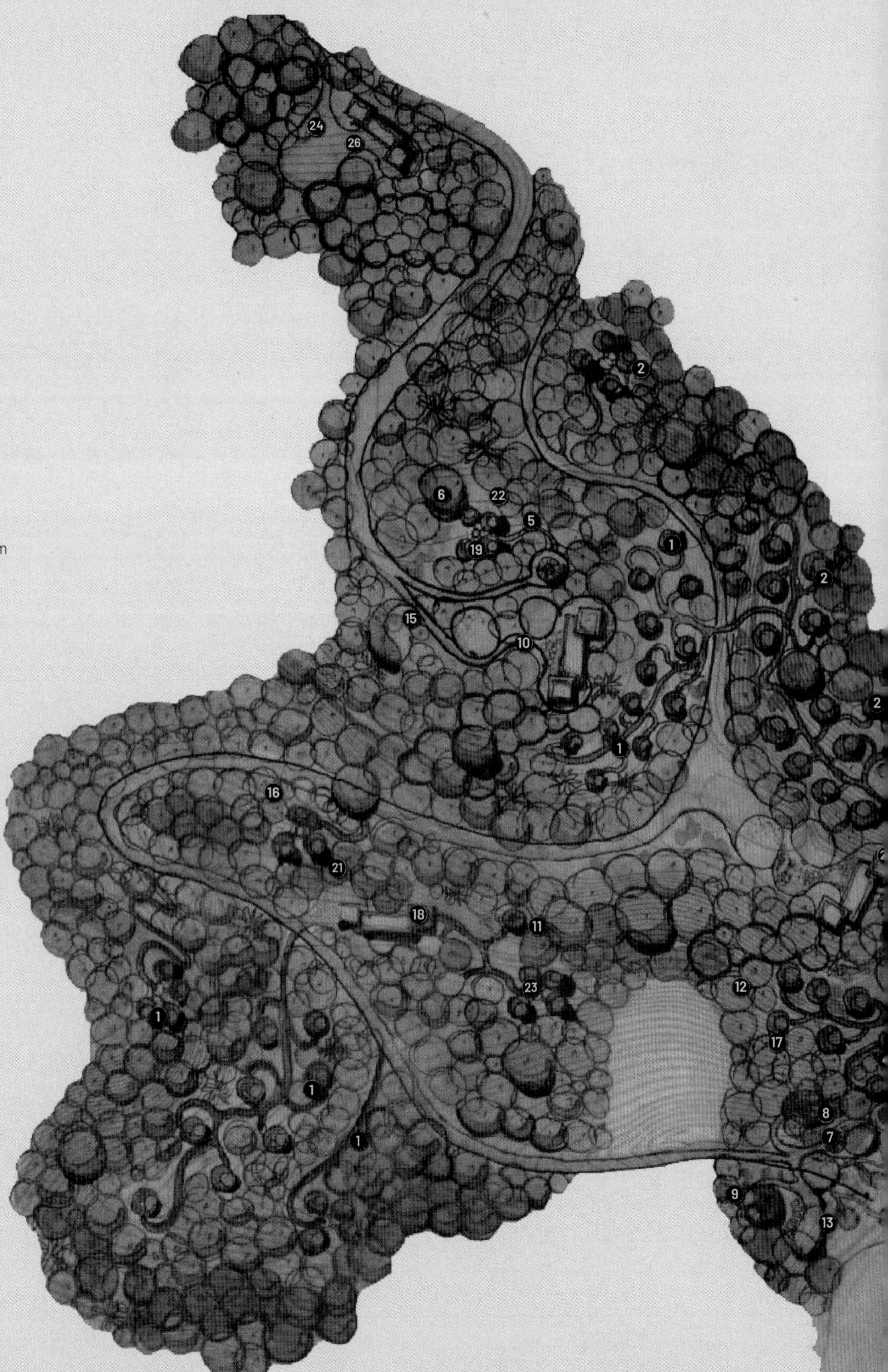

3

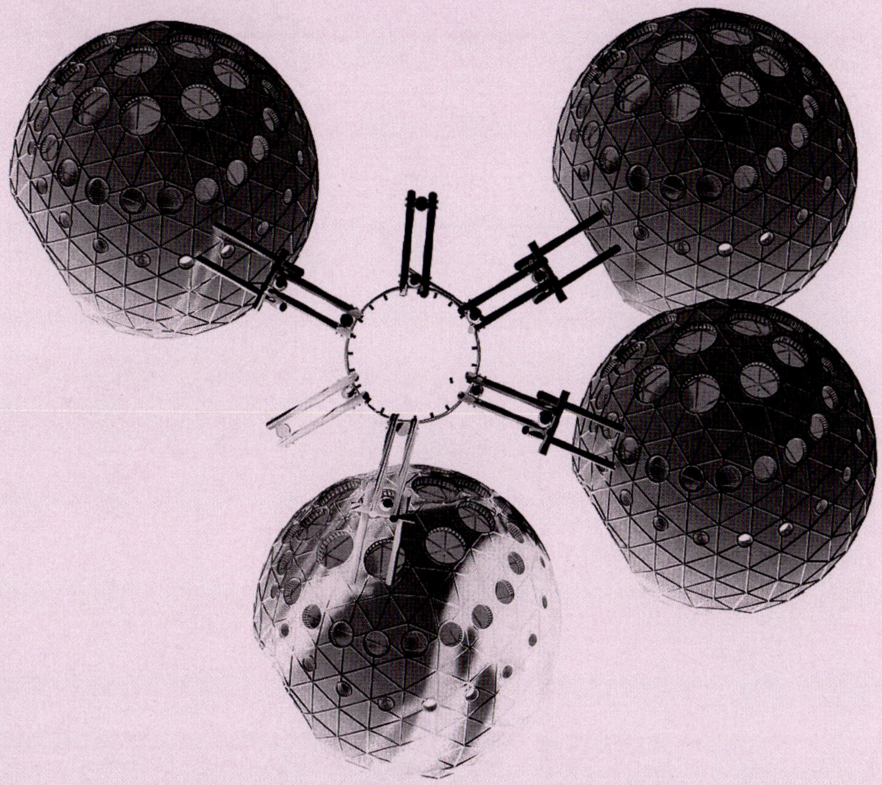

15 Casa Los Frailes

2012
22°08'02.1"N / 105°30'52.0"W
Nayarit, Mexico

Perched atop a cliff in Nayarit, this house is arranged as a fragmented ring that embraces the mountain without altering it, creating a central courtyard open to nature. Public areas are located on the upper floor with ocean views, while the ground-level bedrooms blend seamlessly into the natural surroundings.

En lo alto de un acantilado en Nayarit, esta casa se organiza en un anillo fragmentado que rodea la montaña sin alterarla, creando un patio central abierto a la naturaleza. Las áreas públicas se ubican en la planta alta con vista al mar, mientras que las habitaciones en planta baja se integran al entorno natural.

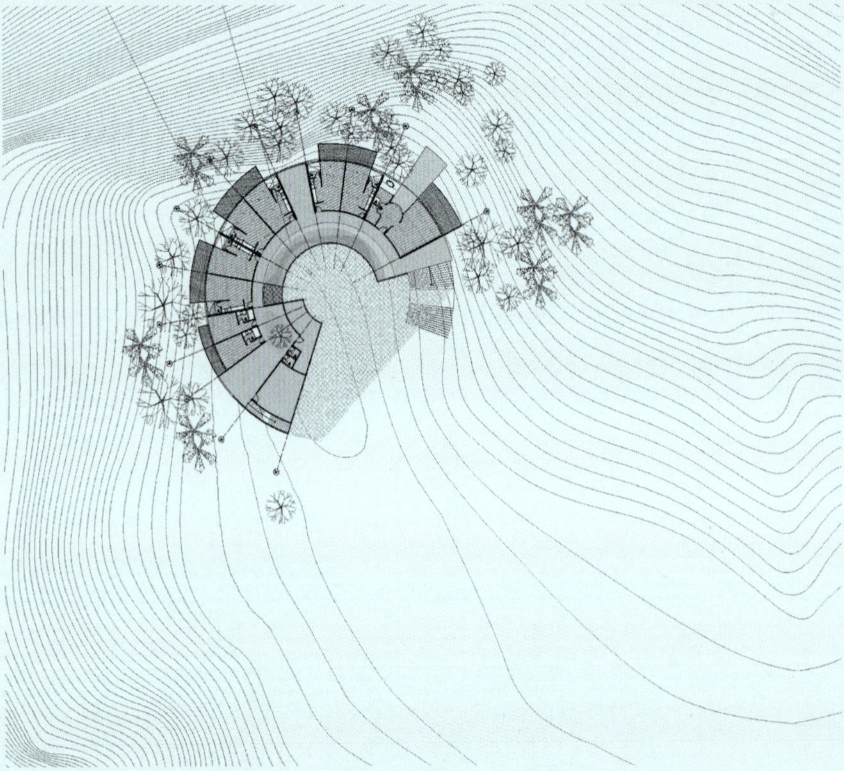

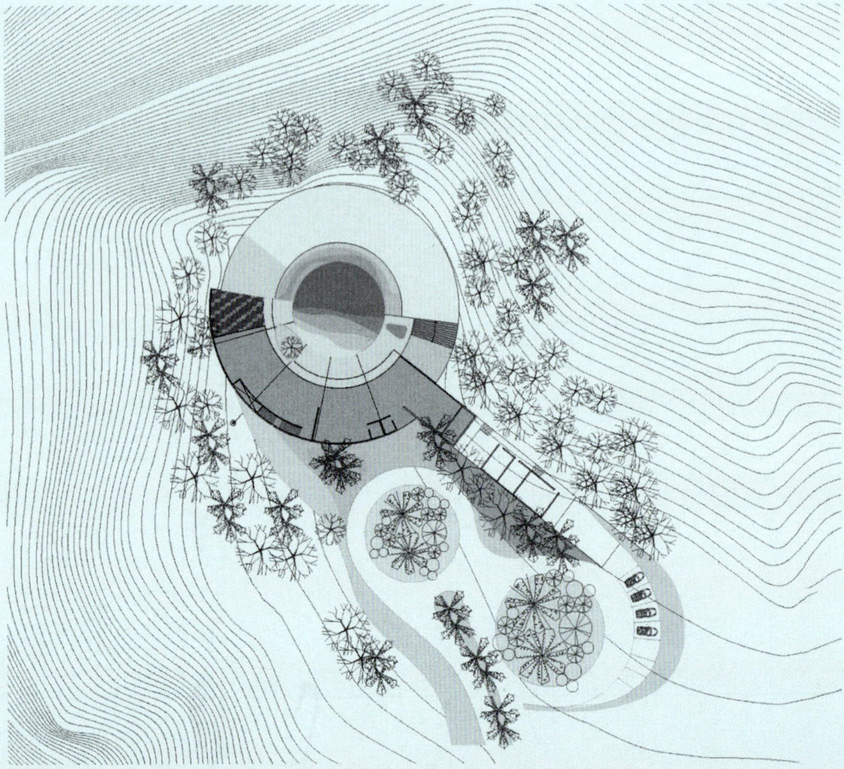

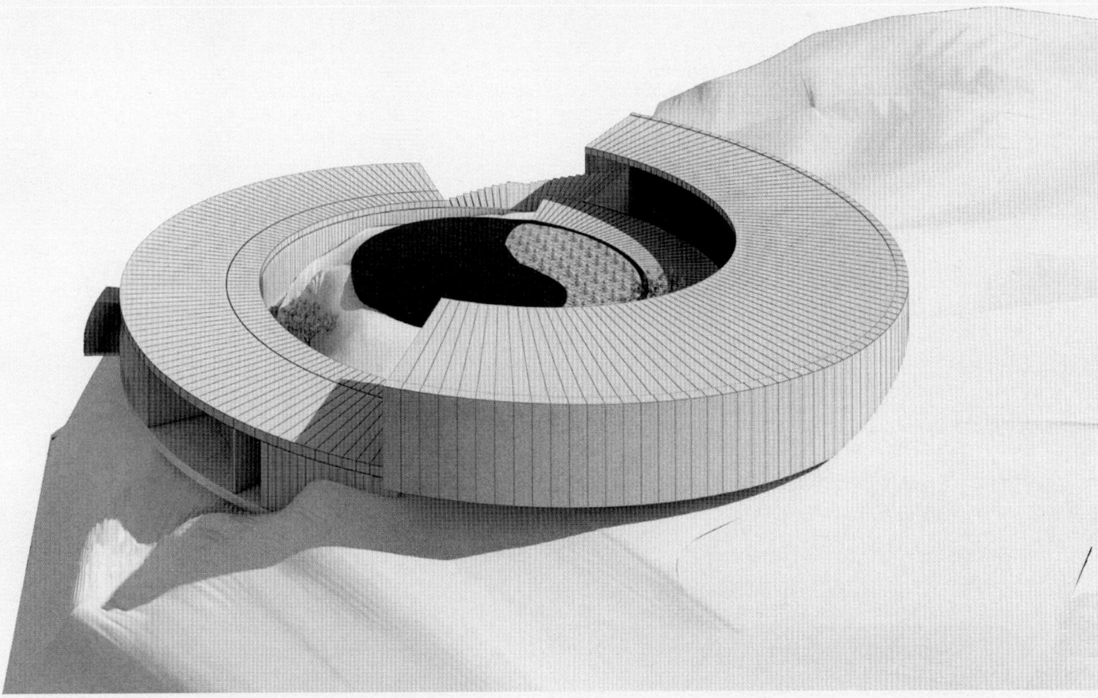

16 Colegio Green Hills

2013
19°34'19.5"N / 99°17'49.5"W
Mexico State, Mexico

Awarded for its playful and environmental approach, the kindergarten is conceived as playful volumes integrated into the landscape, stimulating children's creativity. In the preschool area, the architecture is raised on stilts to allow the flow of water and wildlife. The design merges environment and pedagogy to support holistic development.

Premiado por su enfoque lúdico y ambiental, El kínder se concibe como volúmenes lúdicos que se integran al paisaje, estimulando la creatividad infantil. En preprimaria, la arquitectura se eleva sobre pilotes, permitiendo el paso de agua y fauna. El diseño combina entorno y pedagogía para una formación integral.

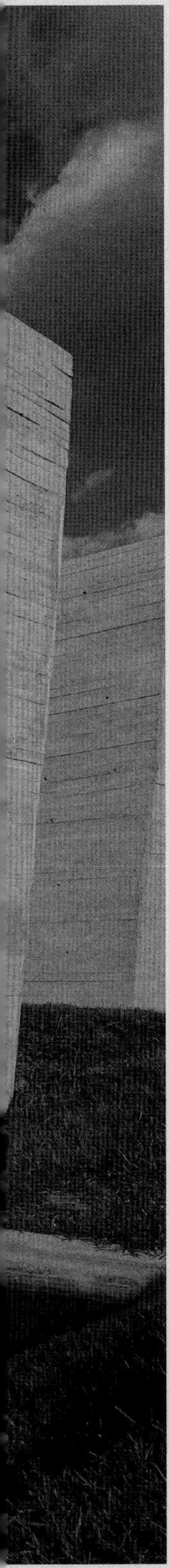

Concept diagram

Land

Green perimeter ring and vehicular circulation

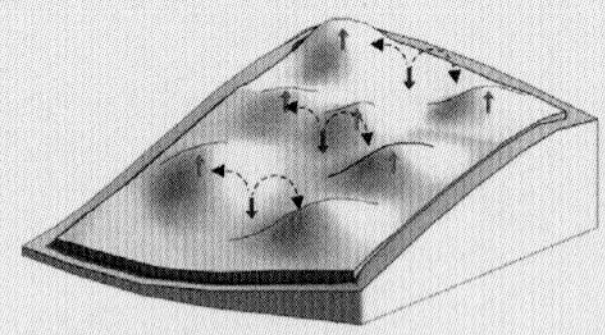
New topography

All green

Westbound repeat

Program adaptationto the topography

Façade volumes

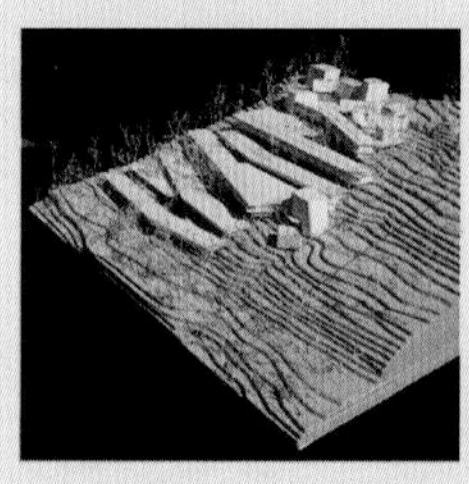
Model

Girls Restroom

17 Wine Park

2014
22°08'17.4"N / 101°00'02.0"W
San Luis Potosí, México

Located within Plaza Citadella, the design is inspired by an "infinite forest," connecting the interior to the park through a vegetated ceiling that blends with the tree canopy. Eclectic furniture and repurposed objects create a warm atmosphere that unites architecture and the dining experience.

Ubicado dentro de la Plaza Citadella, el diseño se inspira en un "infinite forest", conectando el interior con el parque mediante un plafón vegetal que se funde con las copas de los árboles. Mobiliario ecléctico y objetos reutilizados crean un ambiente cálido que une arquitectura y experiencia gastronómica.

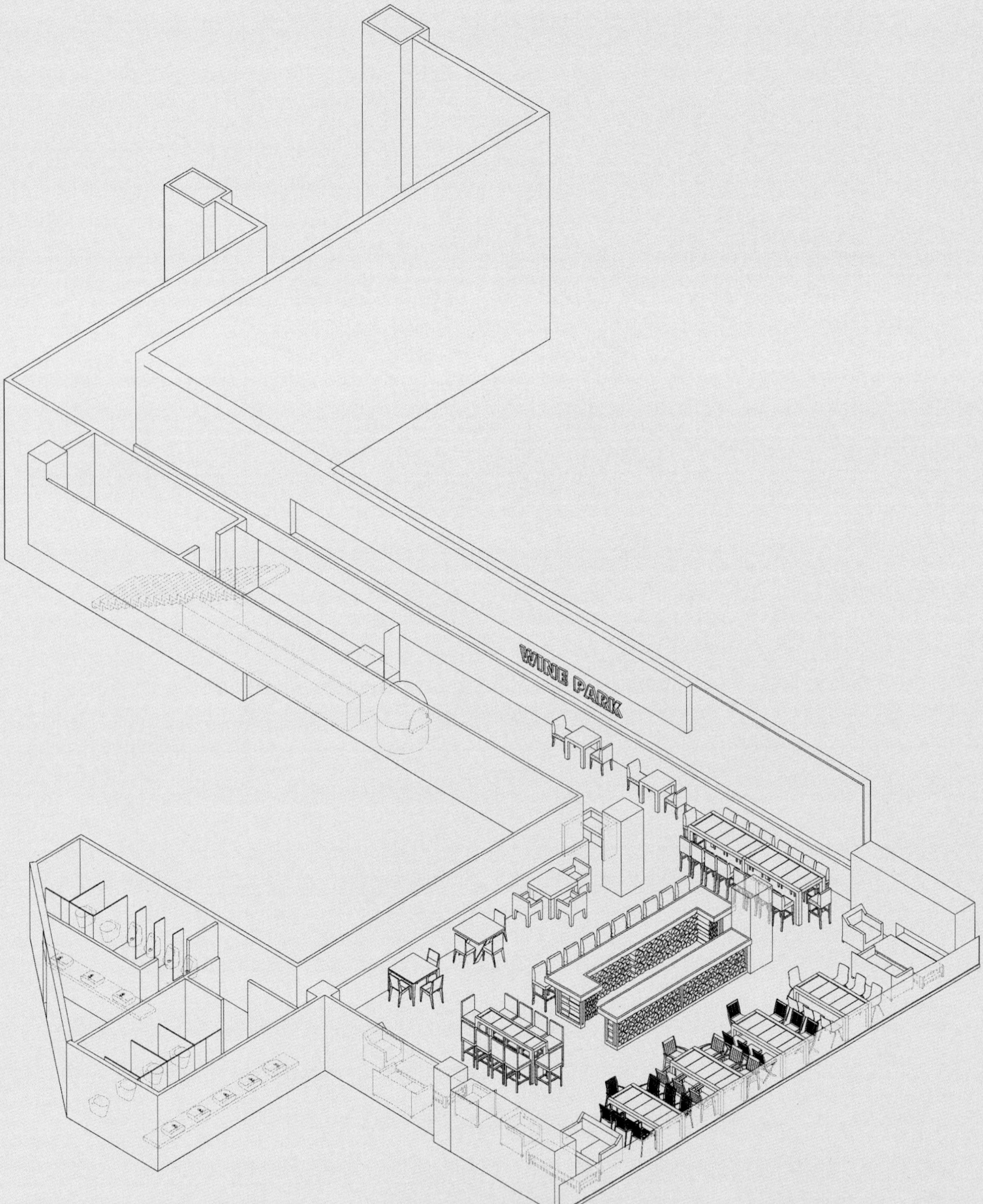
WINE PARK

18 Del avioncito al barquito de papel, Las tres carabelas, El barquito nuevo del rey

2014
19°25'47.1"N / 99°11'50.2"W
Mexico City, Mexico

The three projects explore origami-inspired forms like paper planes and boats to evoke childhood and memory. Through playful, fragmented, or floating sculptures, they celebrate ephemerality, interaction, and the emotional bond between objects and space.

Los tres proyectos exploran formas de papiroflexia como el avioncito y el barquito de papel para evocar la infancia y la memoria. A través de esculturas lúdicas, fragmentadas o flotantes, celebran lo efímero, la interacción y el vínculo emocional entre objetos y espacio.

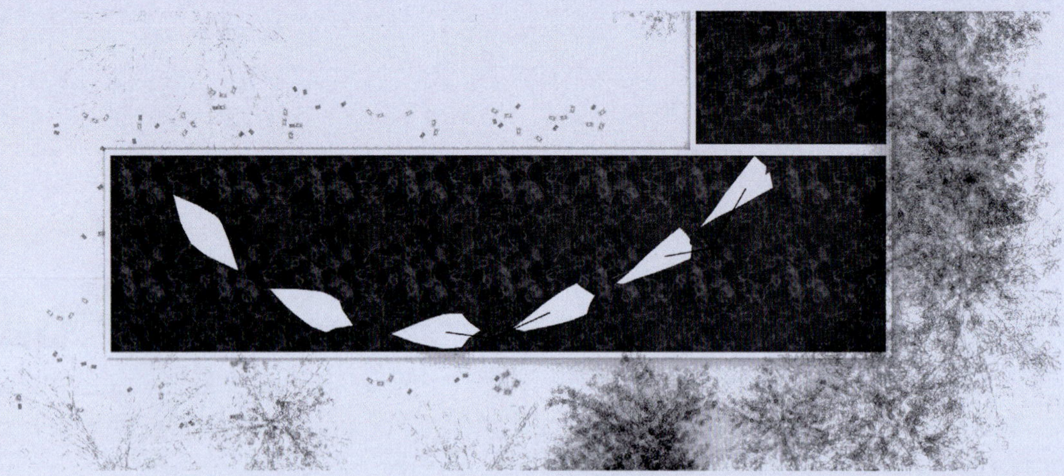

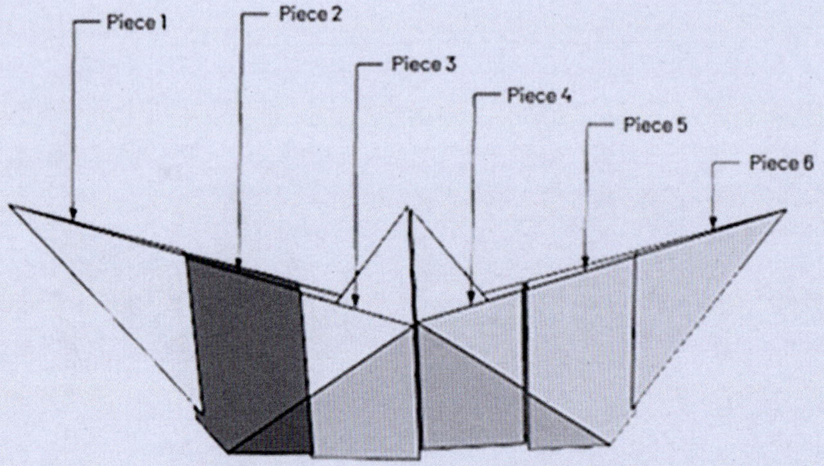
Piece 1
Piece 2
Piece 3
Piece 4
Piece 5
Piece 6

19 Pabellón Mx Expo Milán 2015

2014
45°27'59.6"N / 9°11'24.4"E
Milan, Italy

The Mexico / Fertile Land Pavilion consists of five sustainable modules built with guadua and recycled rubber, blending vernacular and contemporary design. At its core is the Seed Cascade, a symbolic installation where visitors toss seeds as an act of reflection and connection with the land.

El pabellón México / Fertile Land se compone de cinco módulos sustentables, construidos con guadua y caucho reciclado, que fusionan lo vernáculo y lo contemporáneo. Destaca la Cascada de Semillas, una instalación simbólica donde los visitantes lanzan semillas como acto de reflexión y conexión con la tierra.

MÉXICO / fertile land
EXPO MILANO
EXPO MILANO

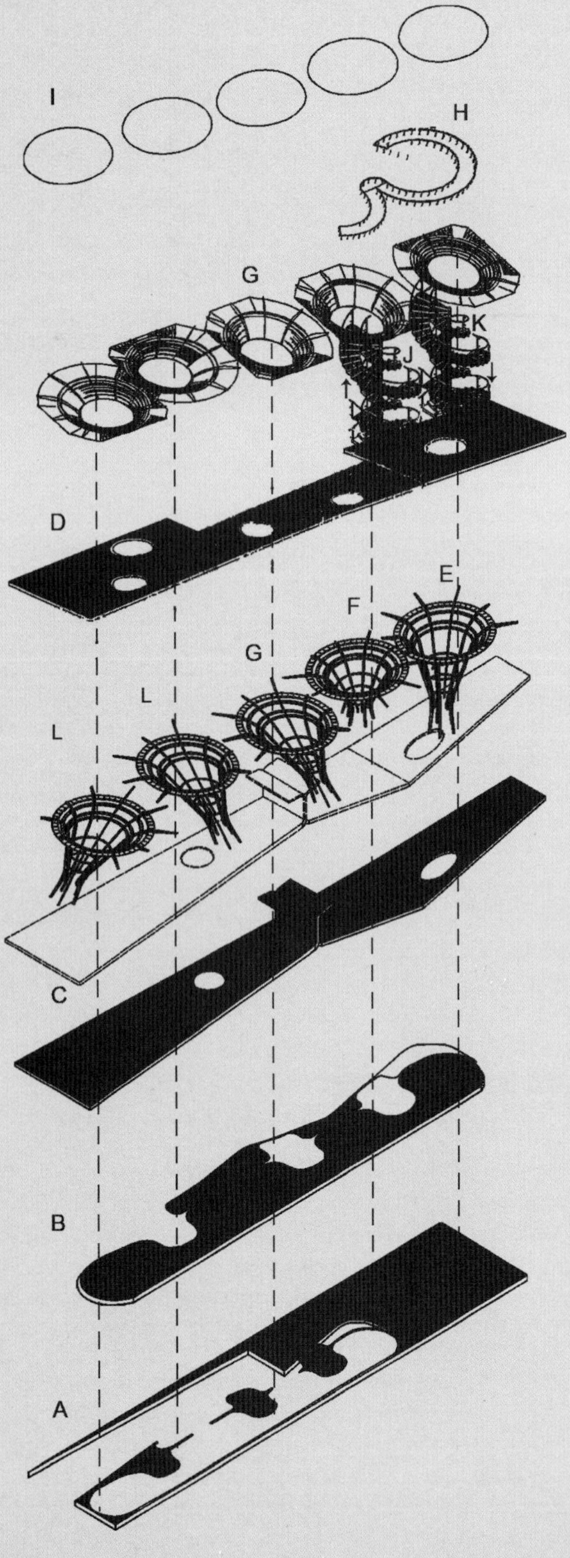

A Green areas
B Restaurant
C Services / Business centre
D Exhibition area
E Seed Waterfall
F Agricultural Eyeglass of Mexico
G Gourmet Eyeglass of Mexico
H Terrace
I Screens
J Up to Seed Waterfall
K Down to Seed Waterfall
L Video projection

MÉXICO

MÉXICO

20 Broissin Living

2014
0°00'00.0"N / 0°00'00.0"E
Anywhere

A mobile housing unit adaptable to different contexts, it proposes the use of magnetism for stability and mobility, along with a rainwater harvesting system, making migration with housing possible. Spatial efficiency and the relationship between functions and dimensions are key to its flexible, self-sufficient operation.

Una unidad de vivienda móvil adaptable al contexto. Propone el uso de magnetismo para su estabilidad y movilidad, así como un sistema de captación de agua de lluvia, la migración con vivienda podría ser posible. La eficiencia espacial y la relación entre usos y medidas son claves para su funcionamiento flexible y autosuficiente.

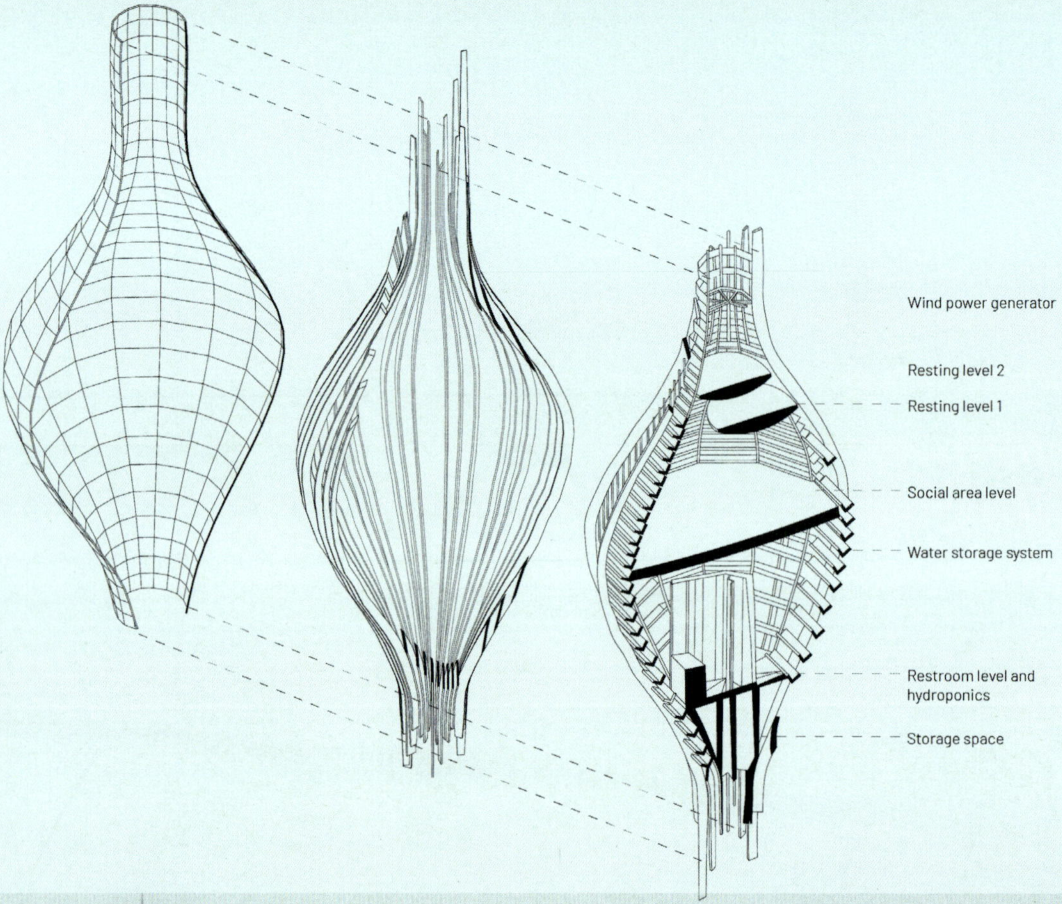
Wind power generator
Resting level 2
Resting level 1
Social area level
Water storage system
Restroom level and hydroponics
Storage space

21 Corporativo Banorte Tlalpan

2015
19°18'53.4"N / 99°08'21.8"W
Mexico City, Mexico

This building is the third phase of a modernization project, covering 44,700 m² with three basements, four levels, and parking for 1,446 vehicles. It houses offices for 1,143 people across two floors, featuring interior courtyards that enhance natural light and functionality. Connected to previous buildings, it creates a plaza-park as a shared social space.

Este edificio es la tercera etapa de modernización, cuenta con 44,700 m², tres sótanos y cuatro niveles, además de un estacionamiento para 1,446 autos. Integra oficinas para 1,143 personas distribuidas en dos plantas con patios interiores que optimizan luz y funcionalidad. Conectándose con los edificios previos, genera una plaza-parque como espacio de convivencia.

1 Access to parking
2 Square
3 Parking
4 Elevators
5 Basement ventilation
6 Parking basements
7 Interior courtyards
8 Open office area

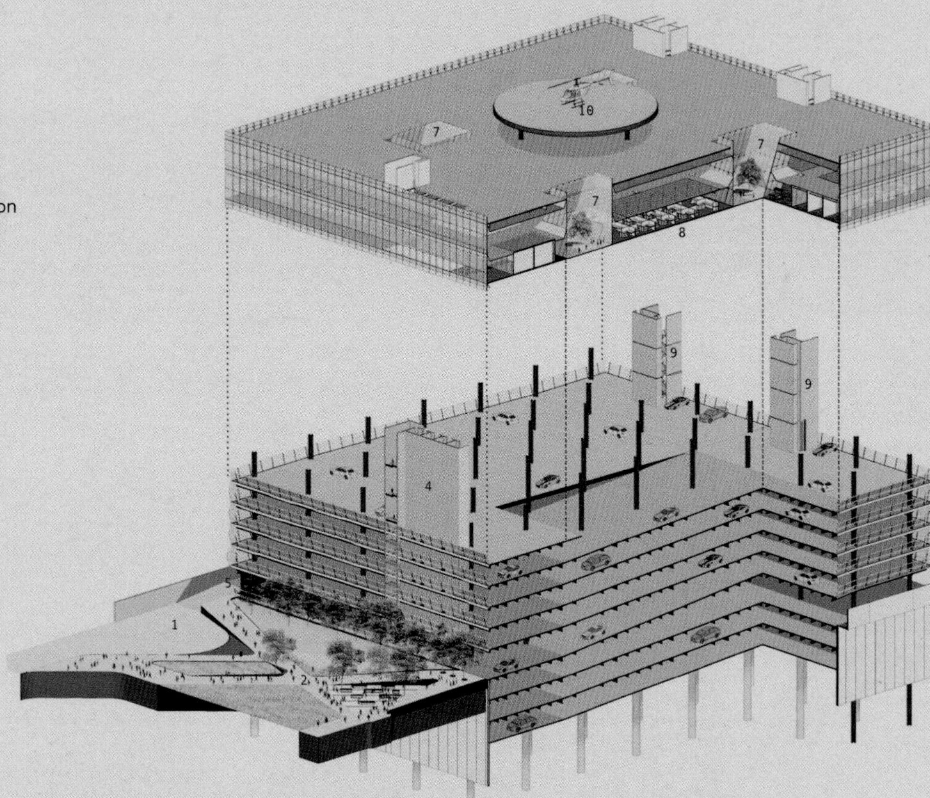

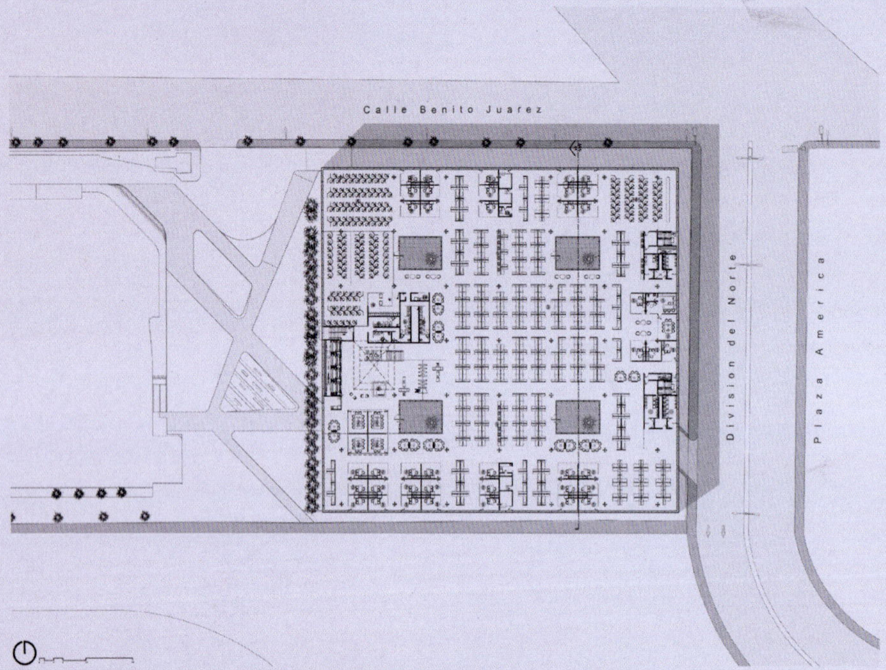

Sixth floor

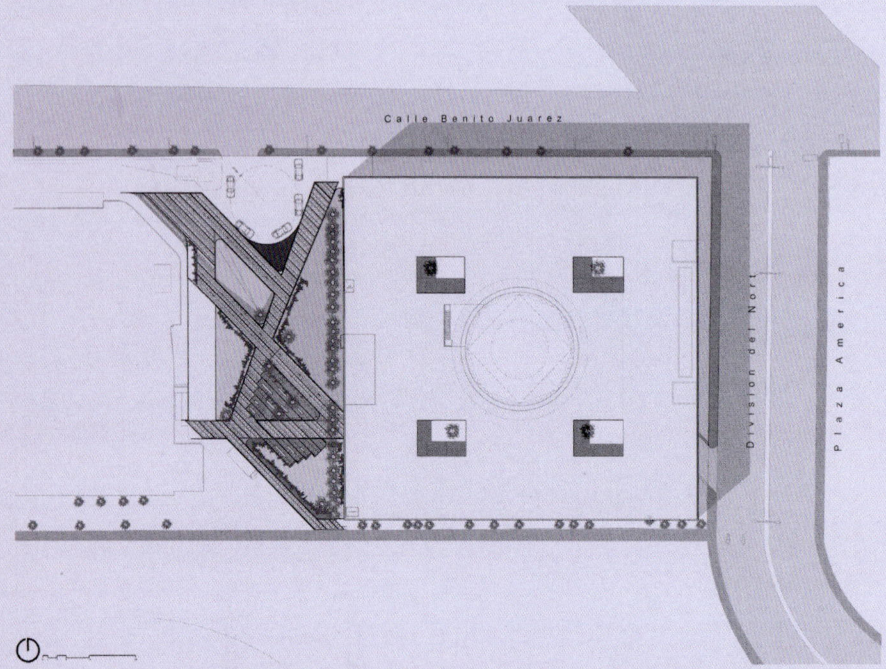

Site plan

www.broissin.com info@broissin

22 Catedral de Celaya

2015
20°31'22.7"N / 100°48'42.9"W
Guanajuato, México

This cathedral follows a Latin-cross plan, using exposed concrete and post-tensioned slabs for durability and low maintenance. Its form creates a dramatic play of light and shadow, revealing a cross of light along the central axis. The rising roof enhances natural ventilation and lighting. It blends tradition with a contemporary vision, serving both spiritual and community functions.

La catedral sigue una planta en cruz latina, construida en concreto aparente y losas postensadas que garantizan durabilidad y bajo mantenimiento. Su geometría crea un juego dramático de luz y sombra, revelando una cruz luminosa en el eje central. La cubierta ascendente favorece la ventilación y la iluminación natural. Combina tradición con una visión contemporánea, integrando funciones espirituales y comunitarias.

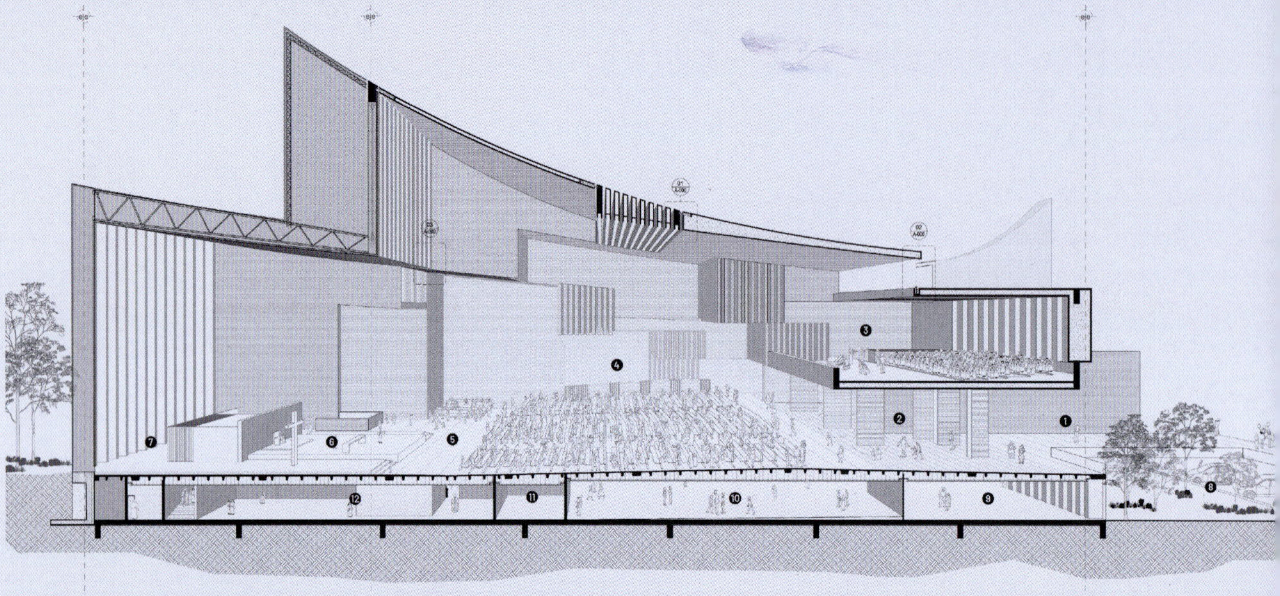

1. Access
2. Foyer
3. Choir
4. Cathedral
5. Presanctuary
6. Main altar
7. Vestry
8. Patio
9. Library and reading room
10. Exhibition and conference hall
11. Press room
12. Offices

23 Four Seasons CDMX Renovation

2015
19°25'24.6"N / 99°10'27.7"W
Mexico City, Mexico

With design interventions in the garden, boutique, and art gallery—alongside MBDS in the dining area and lobby—the new design preserves the essence of Gilles & Boissier, who previously renovated the lobby, suites, hallways, and façade, while adapting it with a distinct approach. The garden stands out for its lush vegetation and a fire pit that transforms the atmosphere. A radial layout connects the spaces through elements like fire, water, and greenery.

Con intervenciones de diseño en el jardín, la boutique y la galería de arte, colaborando con MBDS en comedor y lobby. El nuevo diseño conserva la esencia de Gilles & Boissier, - cuyo diseño renovó el Lobby, Suites, Pasillos, y Fachada- , adaptándola con un enfoque propio. El jardín destaca por su exuberante vegetación y un fire pit que transforma la atmósfera. Una disposición radial conecta los espacios a través de elementos como fuego, agua y vegetación.

TERRAZA RESTAURANTE
A
B
C
D
E
F
G
D-5
DT-03

24 Saint Gobain México

2016
19°26'52.5"N / 99°12'25.5"W
Mexico City, Mexico

The corporate office features 82 workstations, private offices, and a central core with technical services and a videoconference room. A radial circulation layout and a dining area for 140 people enhance functionality. Organic furniture design fosters flexibility and future growth.

El corporativo cuenta con 82 estaciones de trabajo, oficinas privadas y un núcleo central con servicios técnicos y sala de videoconferencia. La circulación radial y el comedor para 140 personas optimizan funcionalidad. El mobiliario orgánico promueve flexibilidad y crecimiento.

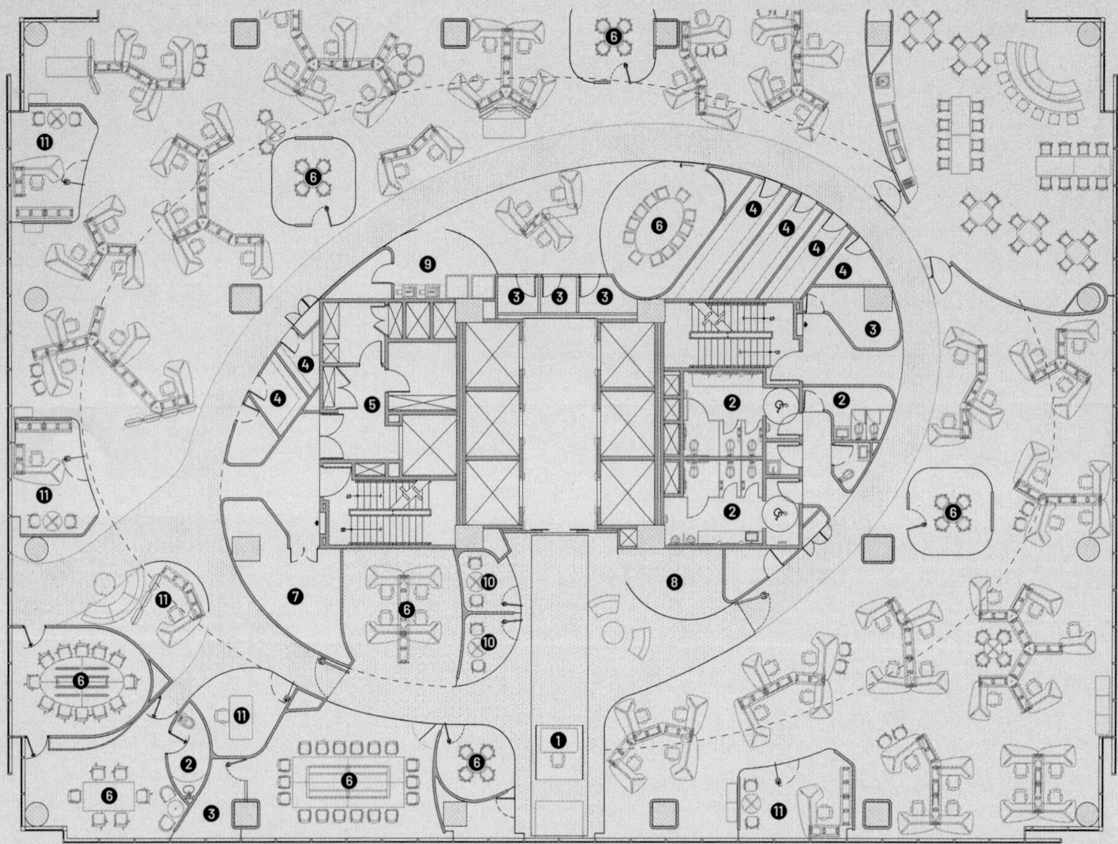

❶ Reception
❷ Restrooms
❸ Storage space
❹ Archives
❺ Installations
❻ Meeting room
❼ Data center
❽ Showroom
❾ Stationery & prints
❿ Interview points
⓫ Private offices

25 Casa Museo Spencer Tunick

2016
21°13'12.9"N / 100°30'08.1"W
Guanajuato, México

Located in San Pedro de los Pozos, this house for artist Spencer Tunick serves as both residence and gallery, with interior and exterior spaces designed for exhibition. Its layout unfolds from a single axis like a fan, playing with light, shadow, and geometry to reflect the artist's visual language.

Ubicada en San Pedro de los Pozos, esta casa para el artista Spencer Tunick funciona como residencia y galería, con interiores y exteriores concebidos como espacios de exposición. Su trazo parte de un solo eje y se abre como un abanico, jugando con la luz, la sombra y la geometría para adaptarse al lenguaje visual del artista.

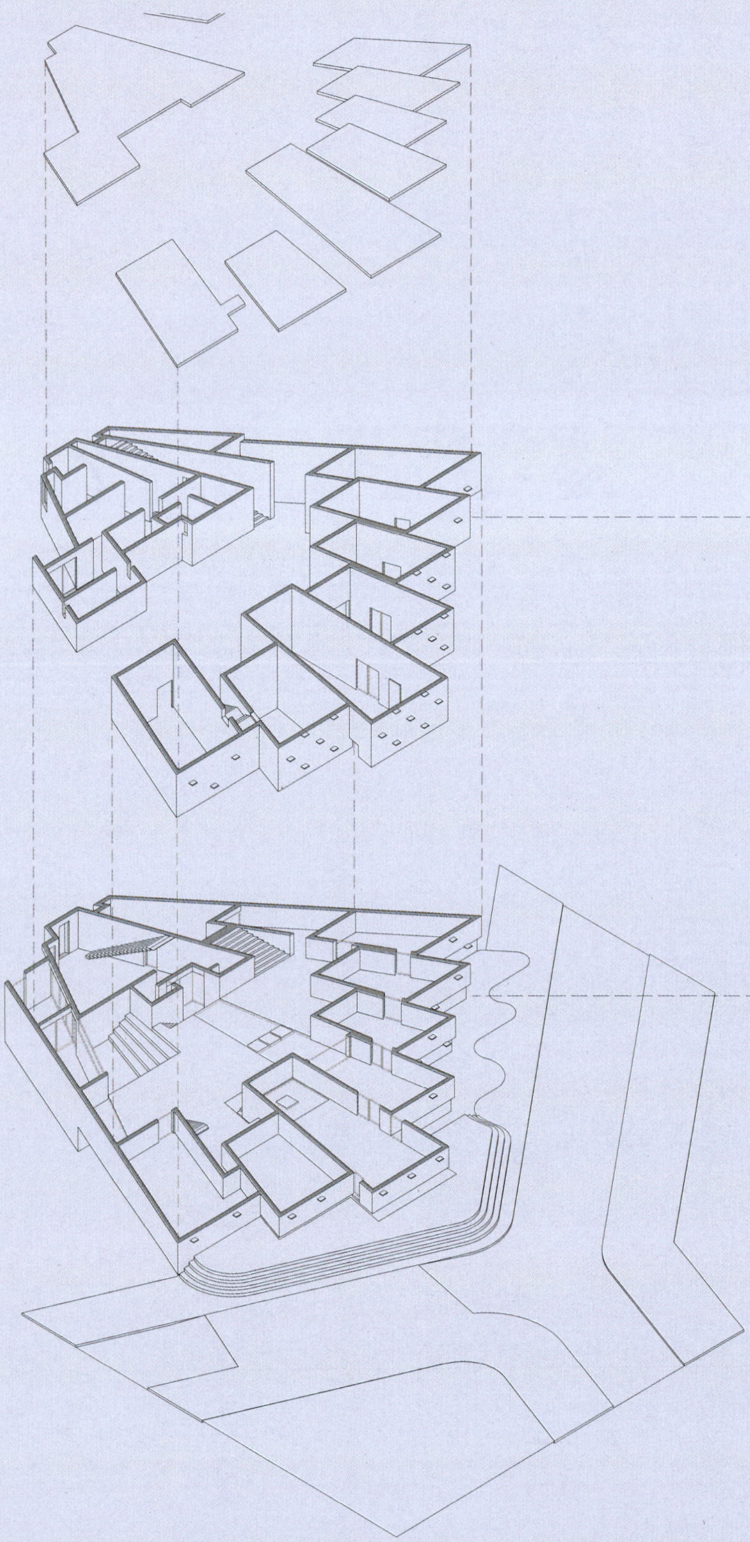

Level 1

House	**Museum**
Living room	Storage room
Master bedroom	
Master closet	
Master bathroom	
Bedroom 1	
Bedroom 2	
Bathroom (1 & 2)	
Bedroom 3	
Bathroom 3	

Ground Floor

House	**Museum**
Dining room	Reception
Kitchen	Lobby
Guest bathroom	Restroom
Patio	Patio
Art Study	Showroom (1-6)
Spencer Tunick's office	
Screening room	
Pool	

26 Irekua Anatani

2016
19°09′34.1″N / 100°07′49.9″W
Mexico State, Mexico

Irekua Anatani, meaning “Family House Under the Trees” in Purépecha, is located in Avándaro and respectfully integrates into the surrounding forest. Adapted to the topography and climate, its design responds to solar orientation to optimize thermal and light comfort. Terraces, corridors, and a green roof strengthen its connection with nature.

Irekua Anatani, “Casa familiar bajo los árboles” en purépecha, se ubica en Avándaro y se integra respetuosamente al bosque circundante. Adaptada a la topografía y al clima, su diseño responde a la orientación solar para optimizar confort térmico y luminoso. Terrazas, corredores y una cubierta verde fortalecen su vínculo con la naturaleza.

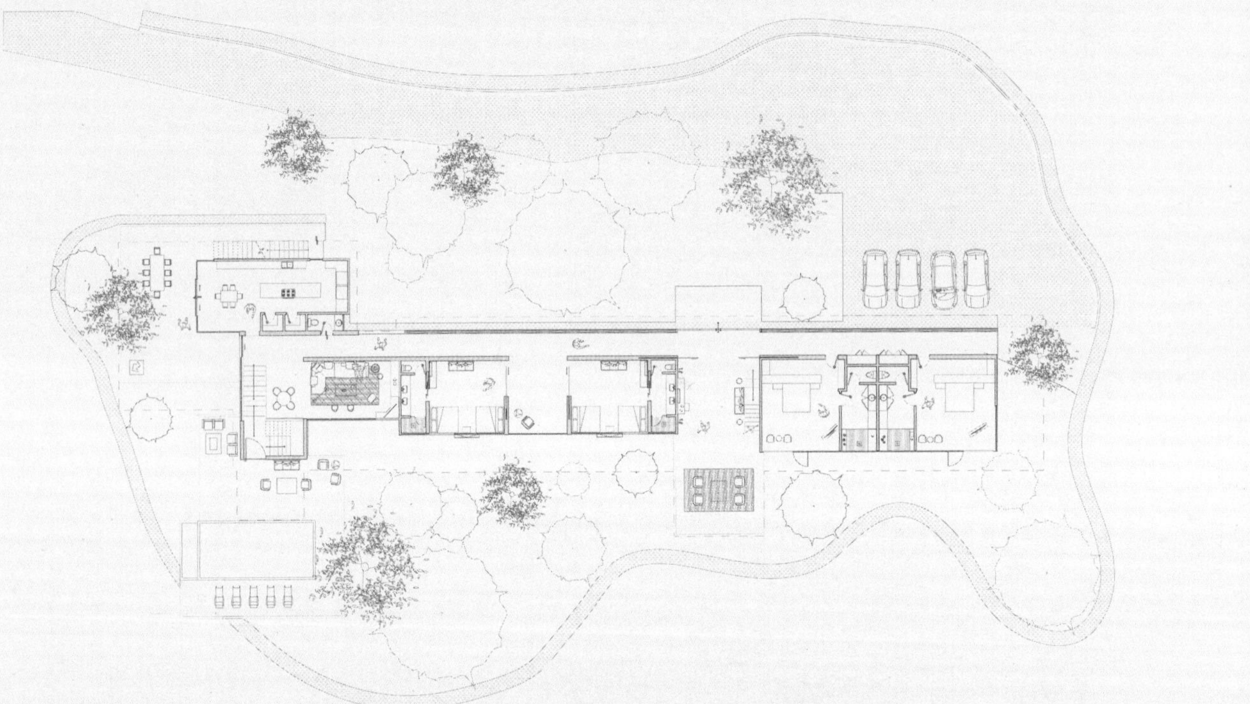

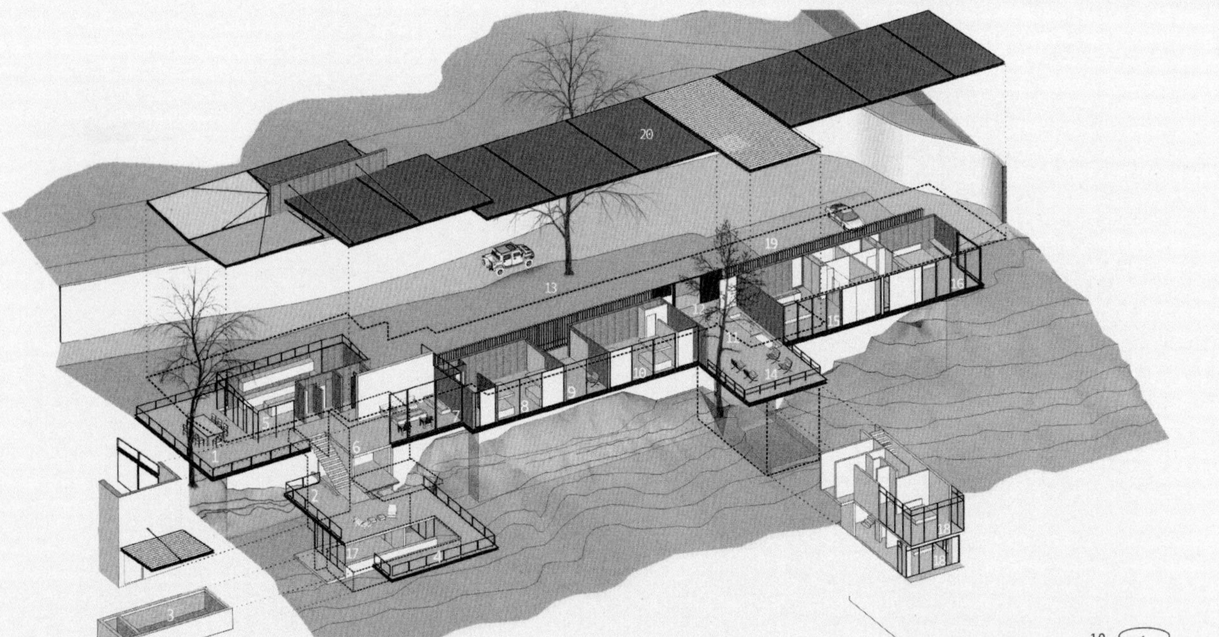
20
19
13
16
15
12
11
14
10
9
8
7
5
1
6
2
17
4
3
18
18
0
1
3
5
10

27 Pierre Fabre México

2017
19°26'52.5"N / 99°12'25.5"W
Mexico City, Mexico

The corporate office in Mexico City offers 173 workspaces within a flexible and collaborative design. Featuring a sculptural entrance, efficient service cores, and versatile areas, the project fosters a functional, adaptable environment focused on user well-being.

El corporativo ofrece 173 espacios de trabajo en un diseño flexible y colaborativo. Con un acceso escultórico, núcleos de servicio eficientes y áreas versátiles, el proyecto promueve un entorno funcional, adaptable y centrado en el bienestar del usuario.

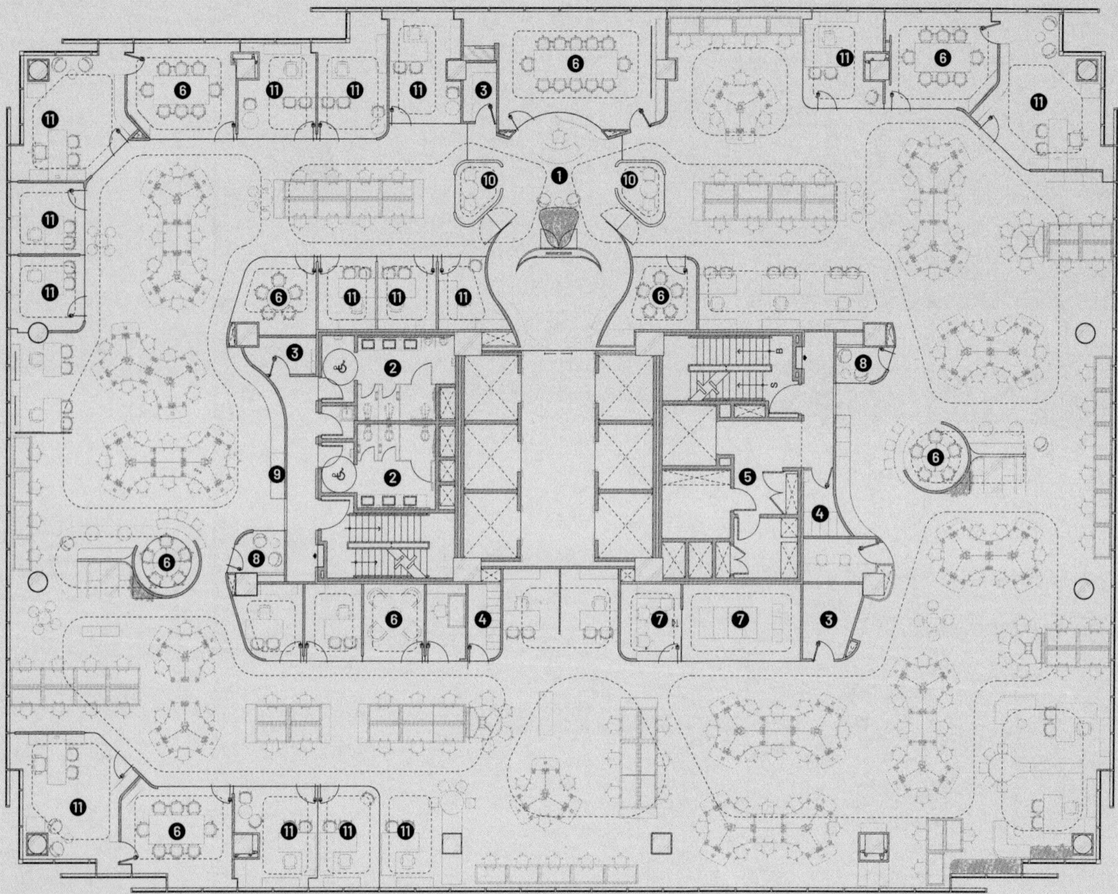

1. Reception
2. Restrooms
3. Storage space
4. Archives
5. Installations
6. Meeting room
7. Data center
8. Isolation booth
9. Stationery & prints
10. Interview points
11. Private offices

www.broissin.com

28 Showroom Organitec

2018
19°25′41.7″N / 99°11′30.9″W
Mexico City, Mexico

Its facade of vibrant triangular modules stands out for its uniqueness and product display. Inside, ceiling and flooring mirror geometric forms that convey dynamism. The collaboration was established under the commercial name ACTIU by ORGANITEC.

Su fachada de módulos triangulares en colores vivos destaca por su singularidad y exhibición de productos. En el interior, plafón y piso replican formas geométricas que proyectan dinamismo. La colaboración se consolidó bajo el nombre comercial ACTIU by ORGANITEC.

by
Organitec

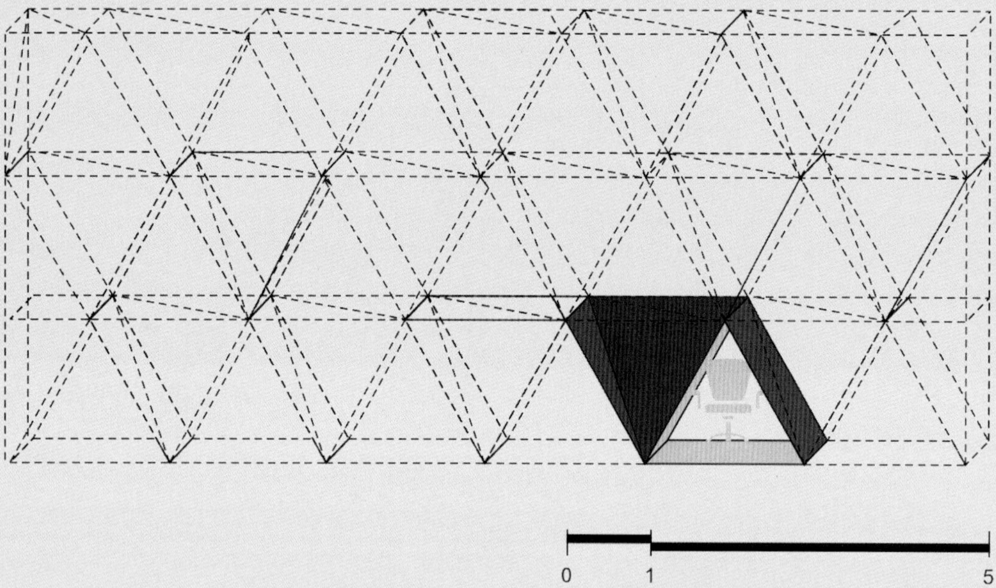

Pre-existing façade

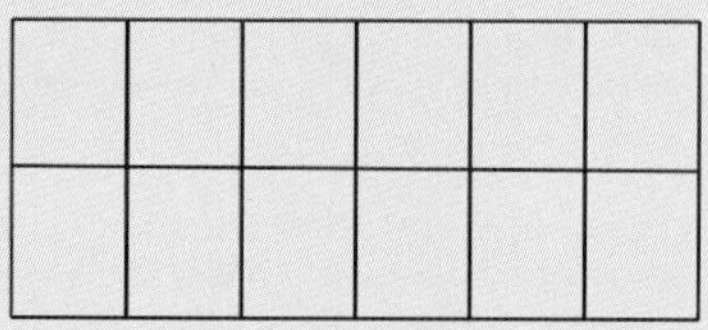

Fist partition

Structure

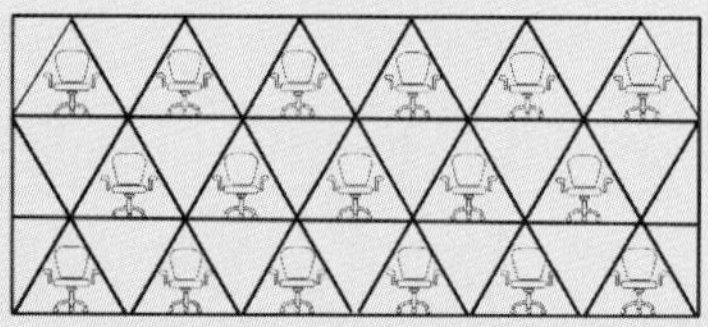

Structure

Chair arragement

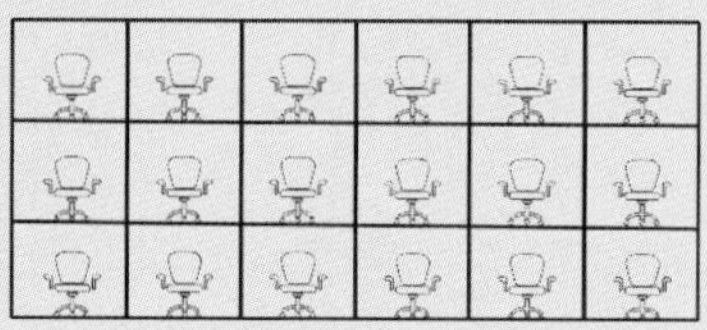

More density

Void vs solid

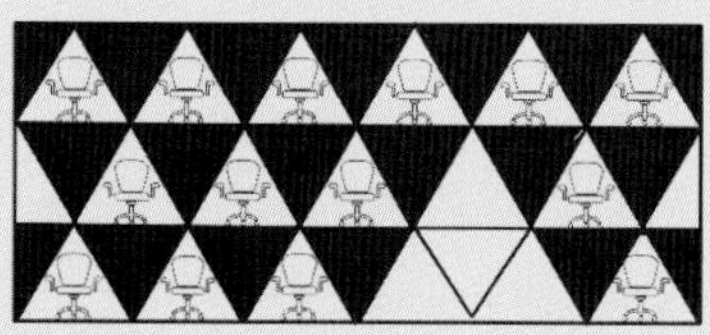

Access

29 Adidas México

2018
19°18′49.9″N / 99°13′10.3″W
Mexico City, Mexico

The renovation of Adidas' corporate offices in Mexico City prioritizes natural light and spaciousness to enhance productivity. The design incorporates functional spaces that reflect the brand's essence, complemented by flexible, ergonomic furniture.

La remodelación del corporativo de Adidas en CDMX prioriza la luz natural y la amplitud para fomentar la productividad. El diseño integra espacios funcionales que reflejan la esencia de la marca, complementados con mobiliario flexible y ergonómico.

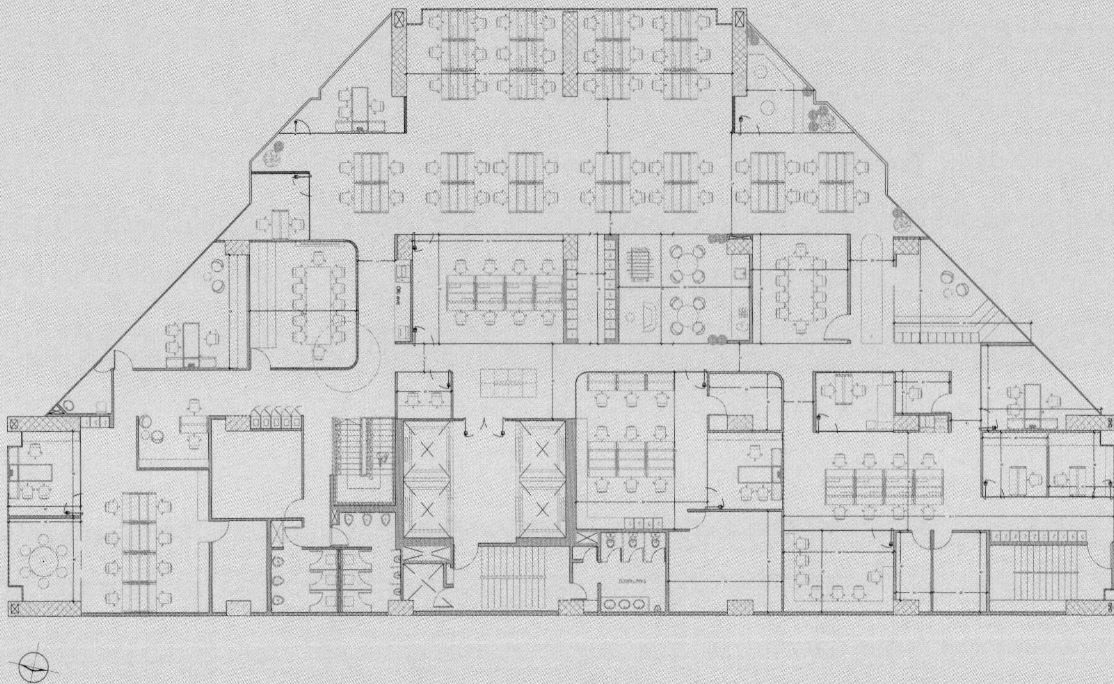

adidas

30 USG México

2018
19°21'21.3"N / 99°16'48.8"W
Mexico City, Mexico

The design blends innovation with iconic elements like the pixel wall. Key features include the reception area, USG Arena, and collaborative zones within a home-office-style environment, complete with phone booths and a multifunctional dining area.

Integrando diseño innovador con elementos icónicos como el muro pixels. Destacan la recepción, USG Arena y áreas colaborativas en un entorno tipo office home, con phone booths y comedor multifuncional.

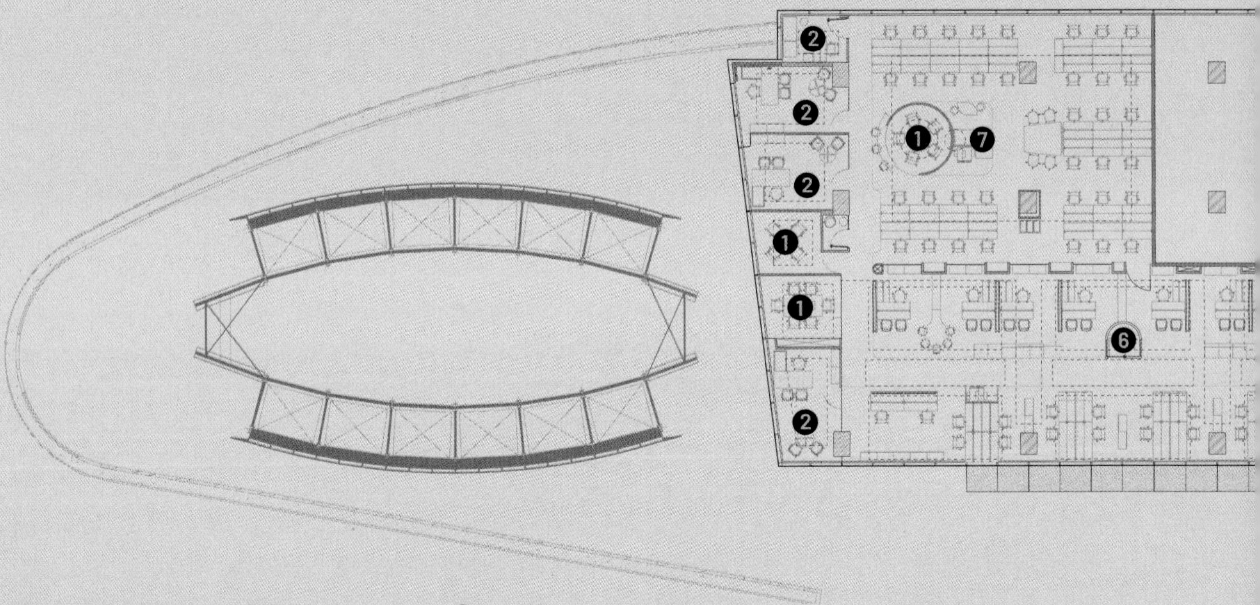

❶ Meeting rooms
❷ Private offices
❸ Restrooms
❹ Archives
❺ Storage space
❻ Phone booth
❼ Coffee station
❽ Data center
❾ Reception

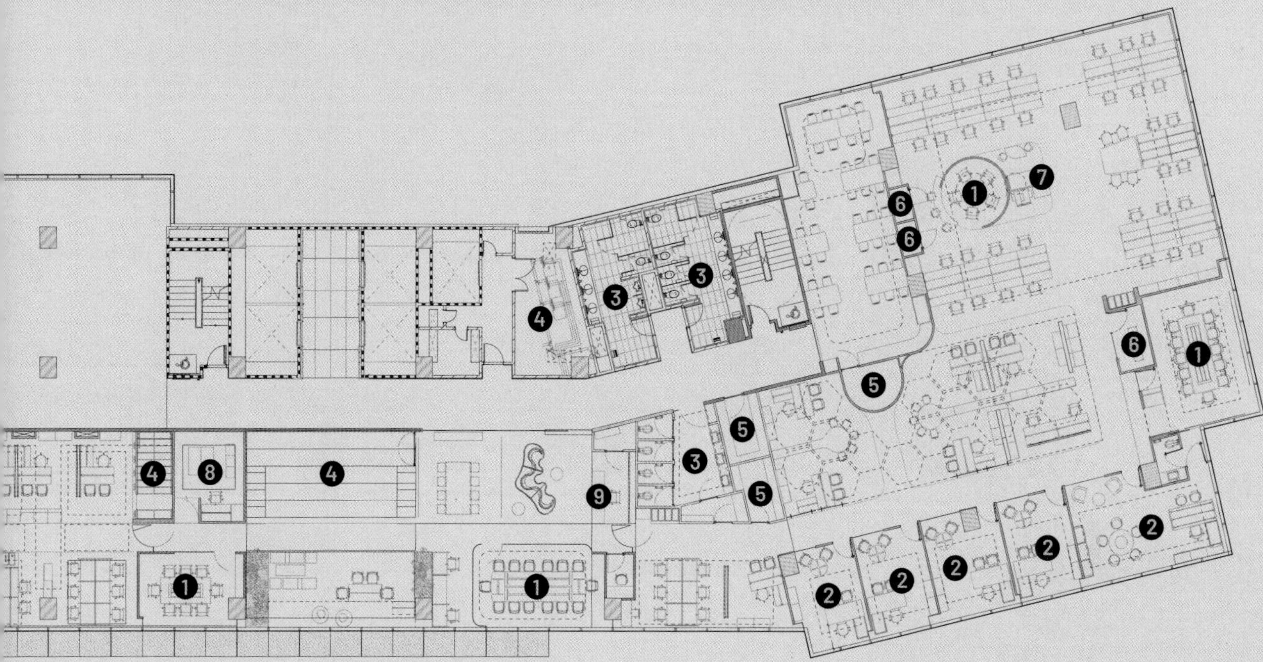

31 Chantli Kuaulakuyokan

2018
19°25'16.1"N / 99°13'21.1"W
Mexico City, Mexico

Designed for Design House 2018 as a micro-forest with a glass structure built around a century-old ash tree. Inspired by the Nahuatl words chantli (house) and kuaulakoyokan (in the treetop), it reimagines the classic childhood treehouse in glass, evoking lost innocence and questioning contemporary notions of privacy in inhabitable spaces.

Diseñada para Design House 2018 como un micro bosque con una estructura de cristal sobre un fresno centenario. Inspirada en la palabra náhuatl chantli (casa) y kuaulakoyokan (en la copa del árbol), reinterpreta la clásica casita infantil en vidrio, evocando la pérdida de inocencia y cuestionando la privacidad contemporánea en espacios habitables.

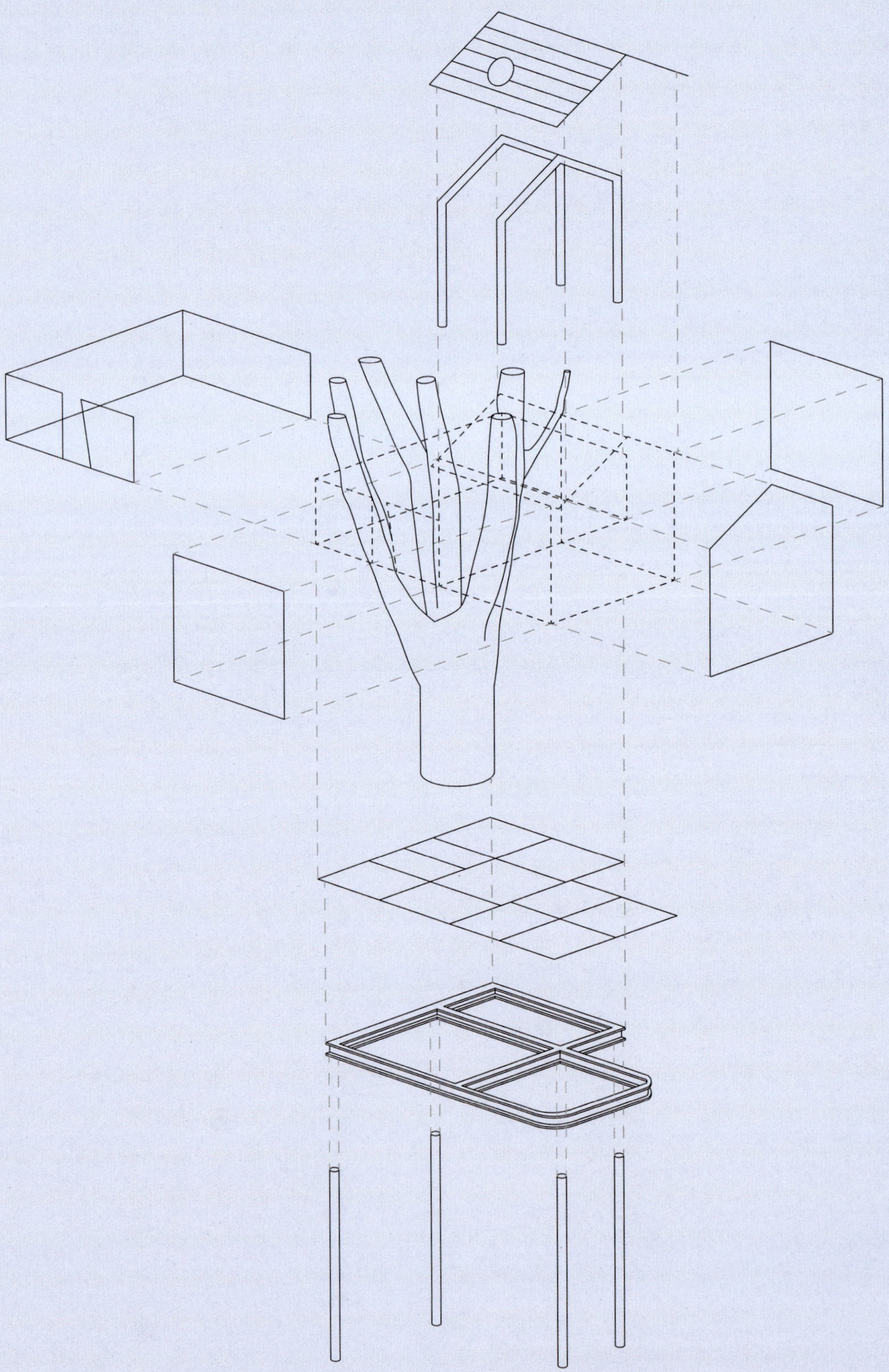

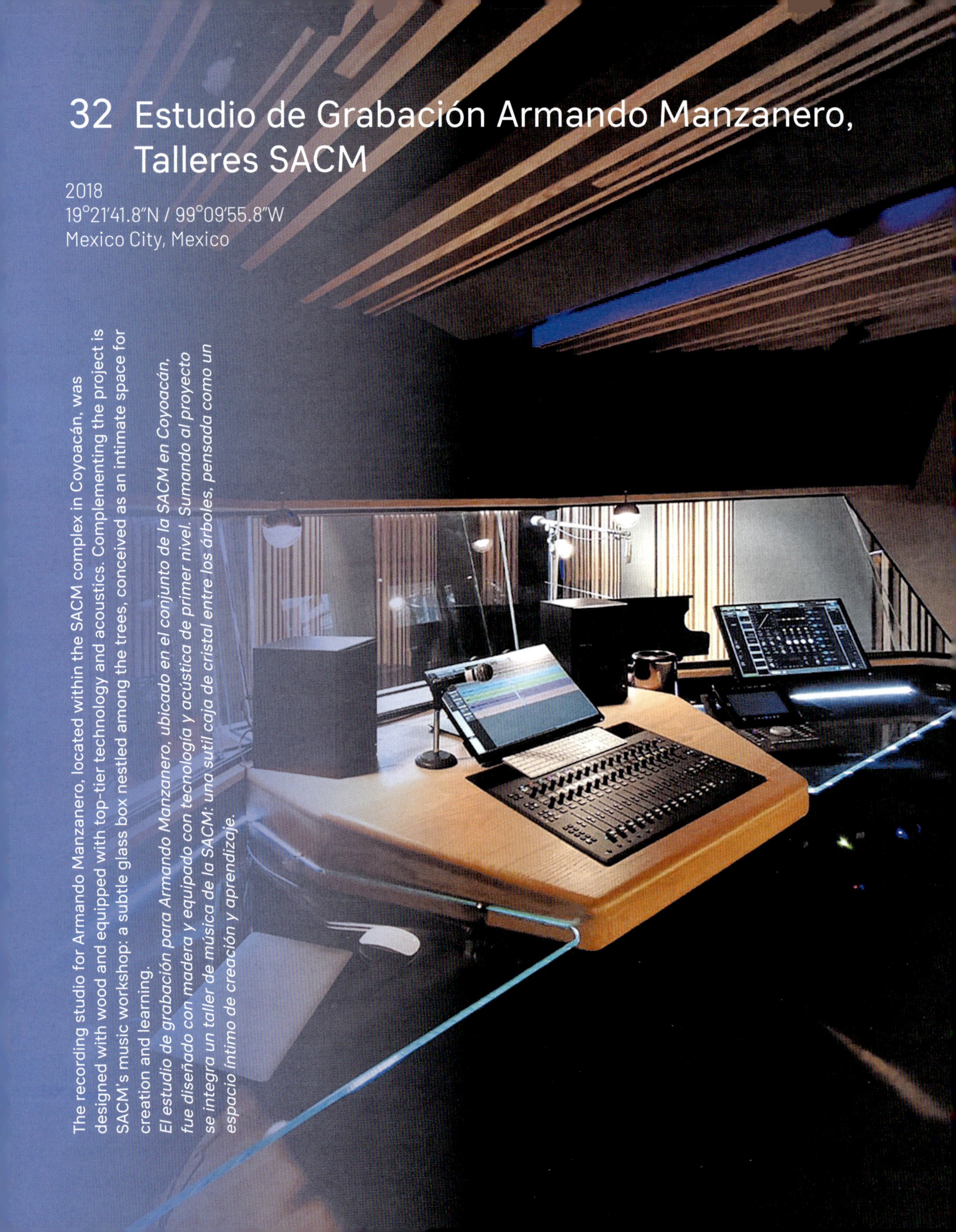

32 Estudio de Grabación Armando Manzanero, Talleres SACM

2018
19°21'41.8"N / 99°09'55.8"W
Mexico City, Mexico

The recording studio for Armando Manzanero, located within the SACM complex in Coyoacán, was designed with wood and equipped with top-tier technology and acoustics. Complementing the project is SACM's music workshop: a subtle glass box nestled among the trees, conceived as an intimate space for creation and learning.

El estudio de grabación para Armando Manzanero, ubicado en el conjunto de la SACM en Coyoacán, fue diseñado con madera y equipado con tecnología y acústica de primer nivel. Sumando al proyecto se integra un taller de música de la SACM: una sutil caja de cristal entre los árboles, pensada como un espacio íntimo de creación y aprendizaje.

YAMAHA

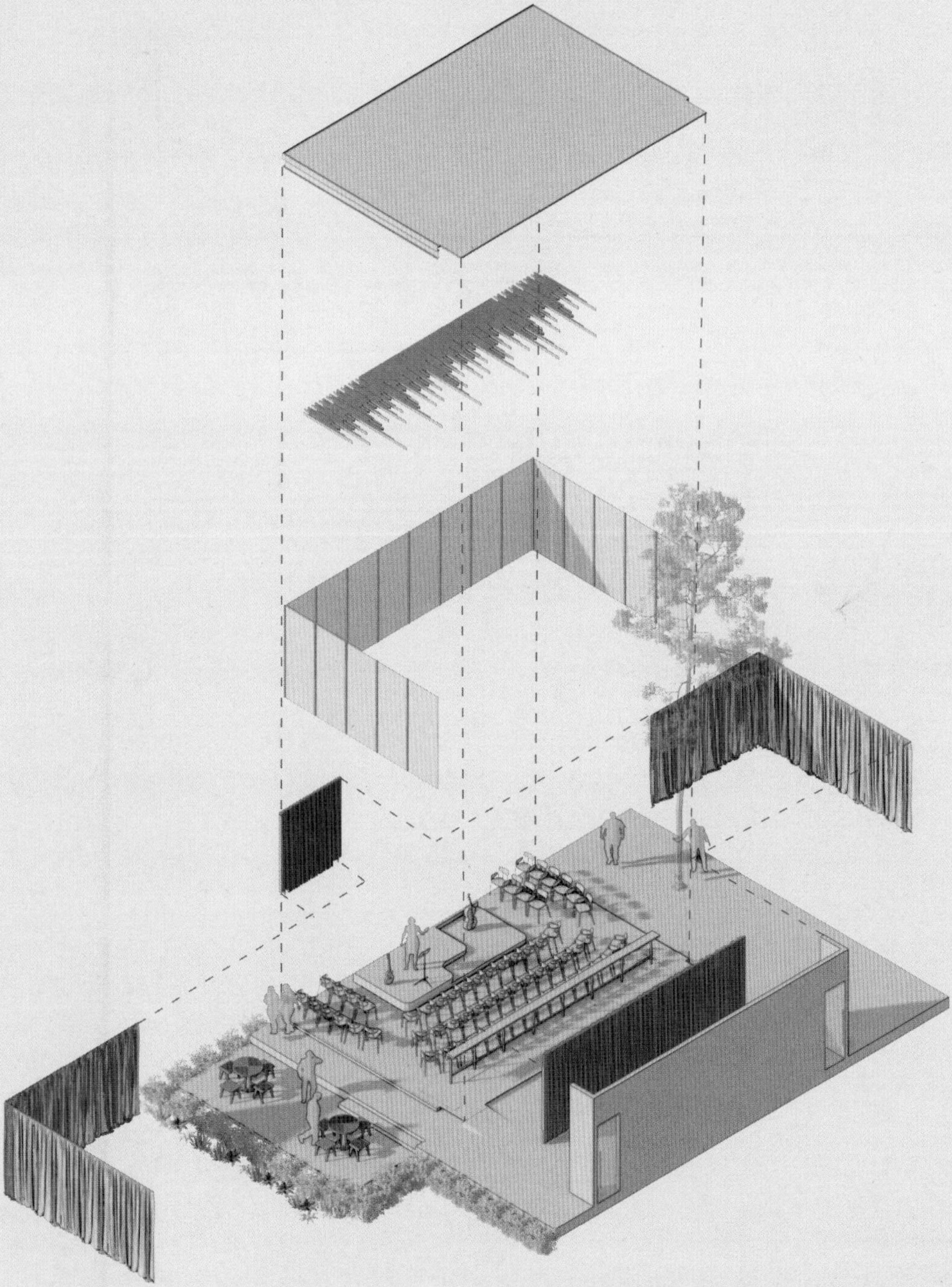

Marshall

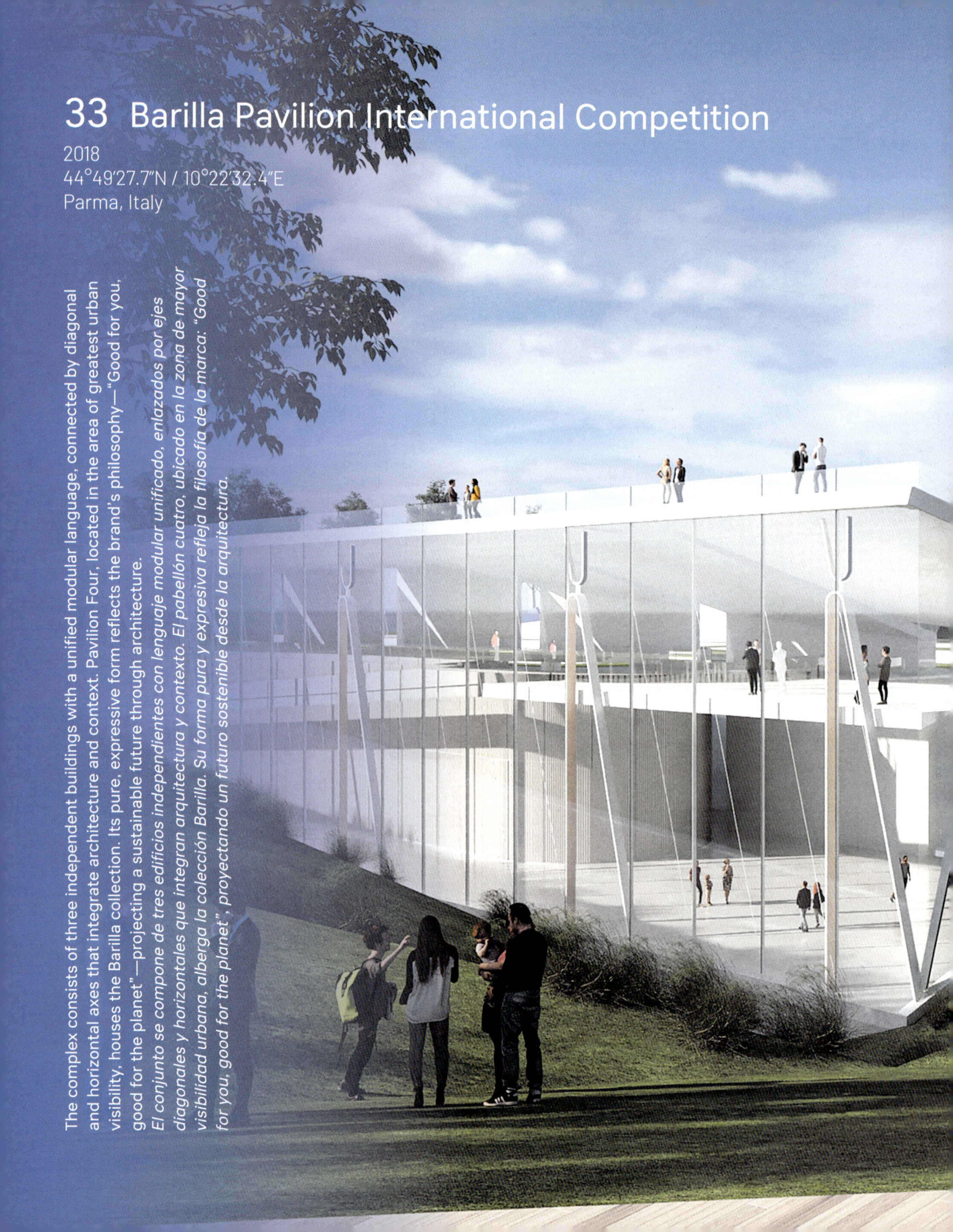

33 Barilla Pavilion International Competition

2018
44°49'27.7"N / 10°22'32.4"E
Parma, Italy

The complex consists of three independent buildings with a unified modular language, connected by diagonal and horizontal axes that integrate architecture and context. Pavilion Four, located in the area of greatest urban visibility, houses the Barilla collection. Its pure, expressive form reflects the brand's philosophy—"Good for you, good for the planet"—projecting a sustainable future through architecture.

El conjunto se compone de tres edificios independientes con lenguaje modular unificado, enlazados por ejes diagonales y horizontales que integran arquitectura y contexto. El pabellón cuatro, ubicado en la zona de mayor visibilidad urbana, alberga la colección Barilla. Su forma pura y expresiva refleja la filosofía de la marca: "Good for you, good for the planet", proyectando un futuro sostenible desde la arquitectura.

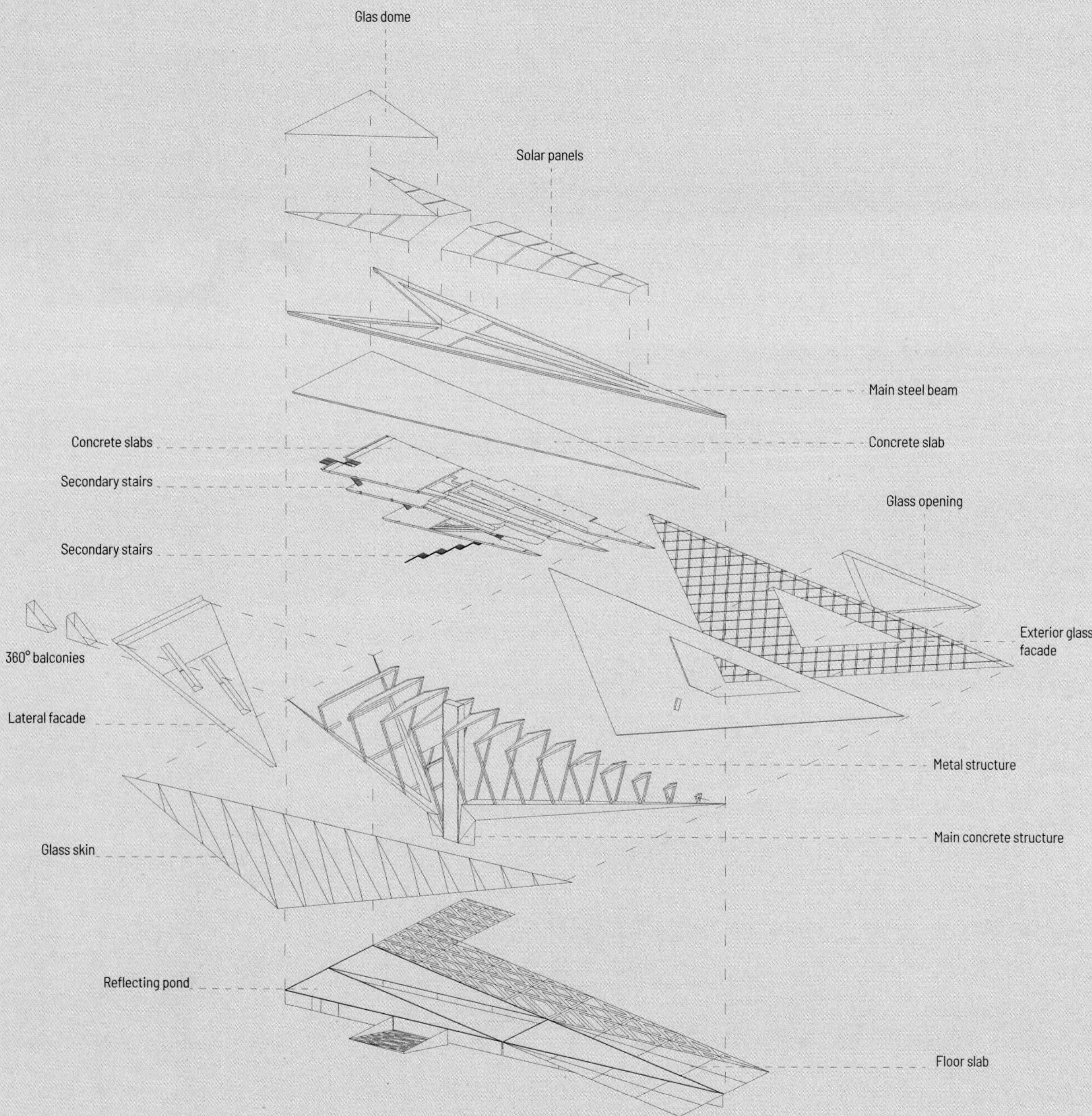
Glas dome
Solar panels
Main steel beam
Concrete slabs
Concrete slab
Secondary stairs
Glass opening
Secondary stairs
360° balconies
Exterior glass facade
Lateral facade
Metal structure
Main concrete structure
Glass skin
Reflecting pond
Floor slab

BARILLA

34 Hotel Flamingos

2018
20°44'02.0"N / 105°18'53.2"W
Nayarit, México

A 26,372 m^2 development located in Nuevo Vallarta, Nayarit, the project is organized around three main nodes and aims to connect users with nature. It offers collaborative spaces, entertainment, and lodging in an immersive experience harmoniously integrated with the environment.

Desarrollo de 26,372 m^2 ubicado en, Nuevo Vallarta, Nayarit. Diseñado a partir de tres nodos principales, el proyecto busca integrar al usuario con la naturaleza, ofreciendo espacios colaborativos, entretenimiento y alojamiento en una experiencia inmersiva y armónica con el entorno.

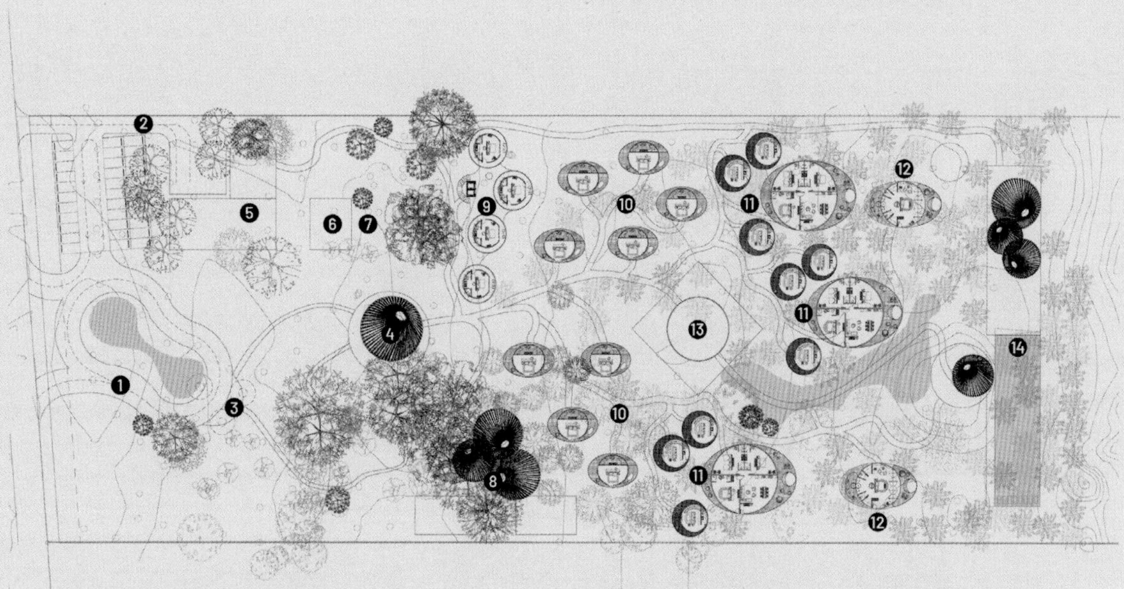

1. **Vehicular access**
2. **Vehicular service access**
3. **Motor lobby**
4. **Welcome lobby**
5. **BOH**
6. **Gym**
7. **Yoga studio**
8. **SPA & wellness**
   BOH spa
   Restrooms
9. **Tower**
   Standard room king (37 m²)
   Standard room double (37 m²)
10. **Jr. Suite (43 m²)**
11. **Villa (209 m²)**
   Lock off
   2 standard rooms
   Master suite (78 m²)
12. **Premium master suite (91 m²)**
13. **Amenities tower & sky bar**
14. **Collaborative spaces**
   Restaurant (522 m²)
   Pool bar
   Hammocks

35 Itaaí

2021
28°57'34.2"N / 112°04'04.4"W
Sonora, Mexico

Eco-friendly hotel project inspired by an adventure camp, featuring glamping modules to host visitors to the bay. It includes a social area with spaces for dining, reading, playing, and relaxing. The selected materials are local, natural, or low-processed, ensuring minimal environmental impact, easy installation, and low maintenance.

Proyecto hotelero ecológico inspirado en un campamento de aventura, con módulos de glamping para hospedar a los visitantes de la bahía. Incluye un área social con espacios para comer, leer, jugar y descansar. Los materiales seleccionados son locales, naturales o de bajo procesamiento, con bajo impacto ambiental, fácil instalación y mantenimiento.

36 CH+G House

2018
19°26'00.3"N / 99°16'50.3"W
Mexico State, Mexico

This 1,410 m^3 house in the State of Mexico is distributed across three levels. The program includes three bedrooms with en-suite bathrooms and closets, a pool, terrace, two living rooms, two family rooms, a photography studio, and an office—providing spacious, functional areas for contemporary living.

Casa de 1,410 m^3 ubicada en el Estado de México, distribuida en tres niveles. Su programa incluye tres recámaras con baño y clóset, alberca, terraza, dos salas de estar, dos family rooms, estudio fotográfico y oficina, ofreciendo espacios amplios y funcionales para la vida contemporánea.

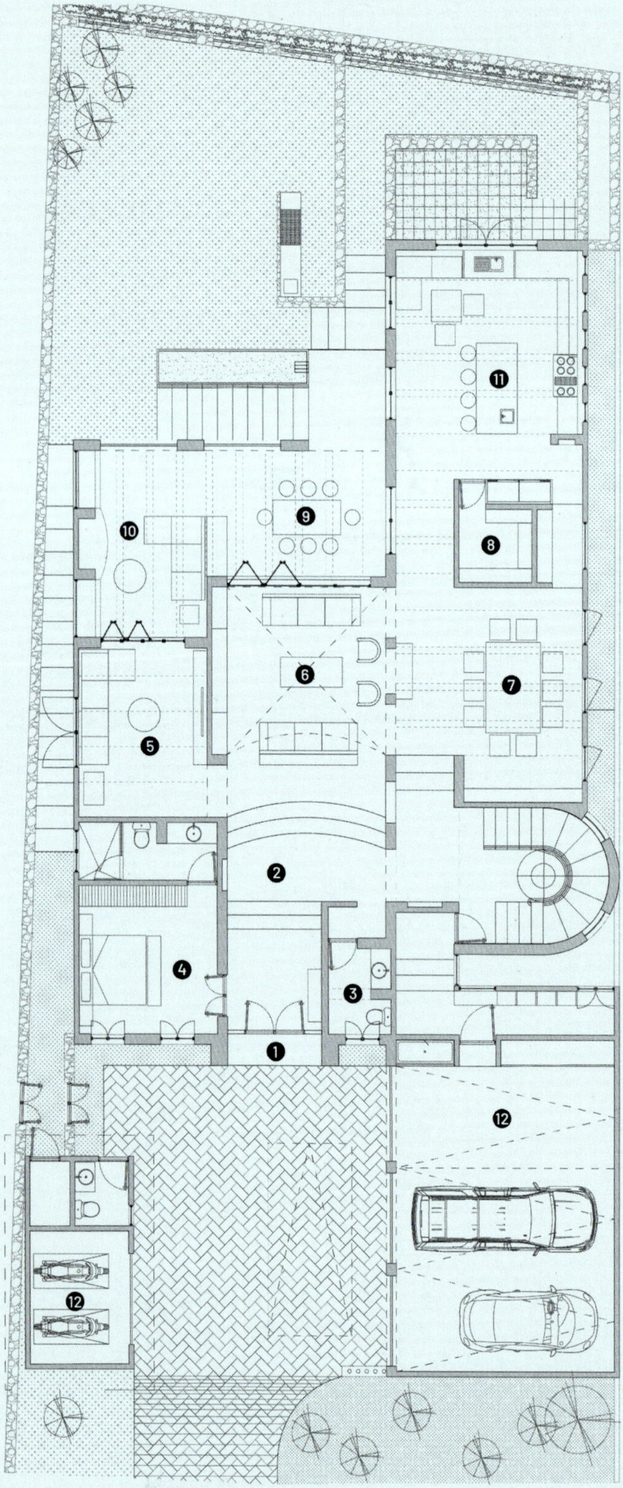

Access Level

1. Access
2. Lobby
3. Guest bathroom
4. Guest bedroom
5. Family room
6. Living room
7. Dining room
8. Pantry
9. Outdoor dinning room
10. Outdoor living room
11. Kitchen
12. Garage

Casa CH+G, 2024
1,410 m²

4. Belleza, lápiz y otras drogas duras (adicciones profesionales y académicas)

El culto a la forma: dogma de fe de una profesión extraviada

Reflexiones sobre los principios de diseño, el rol de la estética, el valor del dibujo, y la noción misma de idea en arquitectura.

Un Enfoque Equivocado

La arquitectura, por convicción, es utilitaria; es una herramienta ineludible para la protección y el cobijo de la dualidad que constituye al ser humano: el alma y el cuerpo. La arquitectura permanece vigente debido a su carácter forzosamente vinculado a la supervivencia. Lo rudimentario y lo avanzado son indiferentes para la arquitectura en su origen más puro. Lo complejo ha invadido el terreno útil y lo ha convertido en inútil; no cabe en su existir nada más. Lo contemplativo ~~debería de ser~~ es un exceso en cualquier dimensión arquitectónica.

La belleza es un par opcional y siempre relativo de la utilidad. La búsqueda de lo esencial se convierte hoy en una máxima para definir lo bueno y lo malo. Si cualquier arista rebasa la escrupulosidad de lo esencial, pierde efectividad. Cuanto más cercana sea la apariencia a lo local, mejor será. Incluso en el abandono y la negación del mínimo raciocinio espacial utilizable.

El dilema de lo bello.

La belleza es un valor agregado en peligro de extinción. El ser humano se inclina por la belleza natural antes que la artificial; la creada por el hombre. Lo natural es contemplativo y, lo artificial creado por y para el hombre suplica funcionalidad antes que belleza. El diseño existe primero por función antes que por belleza. Si lo primero se mantiene lo segundo es irrelevante, no así lo bello sin la función. La efectividad de la obra arquitectónica se mide en funcionalidad y economía, no en estética. La reina es la función, el rey es el dinero, la belleza la princesa traidora a los principios imperiales en el exceso protagónico. La forma y la función son vinculantes e inseparables.

El reciclaje creativo

Las ideas son finitas, muchas, pero finitas. Son parásitos siempre en busca de morada. Se encajan en el ser creativo, alimentan a su anfitrión contagiando el veneno de la necedad hasta que el propietario cae. Después son huérfanas adoptadas ataviadas de novedad en un nuevo anfitrión.

Las nuevas ideas se esconden detrás de las que se gestaron sin nacer. Es necesario sacar las antiguas para descubrir nuevas. Insistir en usarlas al cansancio, descartarlas o hacerlas.

Obligadamente hay que sacarlas.

El dibujo

La expresión gráfica se necesita para construir. La arquitectura nace en la mente independiente de un papel o pantalla de por medio. Los métodos se deben de replantear. En la academia se sigue enseñando solo a traducir, el lenguaje del pensamiento arquitectónico se ha omitido y cada vez hay menos ideas valiosas que traducir. El dibujo asistido por computadora sucumbe por inanición de ideas. Su obsolescencia no es asunto técnico. El lápiz sucumbe por lo mismo. La herramienta exterior al ser humano no está vinculada a la idea, sus legítimos instrumentales son: cerebro, corazón e instinto.

Pensemos en una novela donde se platica, se describe un proyecto, tan detallado que podemos construirlo en la mente, no imaginamos nada, todo está escrito y nuestra mente lo construye al mismo detalle que las letras. ¿Es el proyecto una realidad?, o no existe porque solo existe en la mente. ¿Pierde validez la proporción y su antropometría? Es el árbol que cae en el bosque y nadie está allí para oírlo, ¿entonces no hace ruido?

Las Ideas

Las ideas permanecen y solo se desvanecen en la conciencia del arquitecto. Se descartan o se reciclan hasta ser construidas, y su existencia se define como útil o inútil una vez que han sido usadas; es en ese momento cuando el tiempo comienza a correr para ellas.

La creatividad se desarrolla únicamente con la empatía de la conciencia, influenciada por su inmediatez con lo físico y lo efímero de la existencia misma. No somos creativos expontaneos; la creación es dar nueva forma, ya sea inmaterial o material, a lo existente. Las geometrías más puras se guardan en el no ser del individuo y no nacen necesariamente en la mente; son emociones transformadas, la conexión ordenada de patrones formales guardados en el inconsciente individual que responde a la colectividad, nacen en dibujos procesados por un actor humano en todas sus dimensiones y situaciones.

Cuando estas creaciones aparecen, se juzgan por su belleza, marcada por un momento específico. No son un reflejo de una belleza perenne, sino que están obligadas a reconvertirse con el tiempo para mantener el sello de lo bello; lo útil prevalece y opaca a la estética. Lo antiguo y lo moderno son bellos por el asombro del primer vistazo, pero detrás se esconden momentos pasados impregnados en su memoria, desatando emociones en el espectador influenciado por lo ya ~~acontecido~~ pasado. La contemplación demanda ahora que el recuerdo ejerza presión sobre la conciencia, dictando lo que es dotado y definido como hermoso, simplemente por su definición.

La contemplación de estas obras no es solo un acto pasivo. Ahora, el recuerdo ejerce presión sobre nuestra conciencia, dictando lo que consideramos hermoso. Es una definición impuesta, una hermosura que aceptamos, a menudo sin cuestionarla, simplemente porque así nos ha sido presentada.

4. Beauty, Pencils, and Other Hard Drugs (Professional and Academic Addictions)

The cult of form: the faith-based dogma of a profession gone astray
Reflections on design principles, the role of aesthetics, the value of drawing, and the very notion of the “idea” in architecture.

A Misguided Approach

Architecture, by conviction, is utilitarian; it is an inescapable tool for the protection and shelter of the duality that makes us human: soul and body. Architecture remains relevant because it is forcibly tied to survival. Whether rudimentary or advanced is irrelevant to architecture in its purest origin. Complexity has invaded the terrain of usefulness and turned it into uselessness; there is no room for anything else. The contemplative should be an excess in any architectural dimension.

Beauty is an optional—and always relative—companion to utility. The search for the essential has become today's supreme criterion for defining good and bad. If any edge surpasses the strictness of the essential, it loses effectiveness. The closer the appearance is to the local, the better it will be. Even in abandonment. Even in the denial of the most basic spatial reasoning.

The Beauty Dilemma

Beauty is an added value at risk of extinction. Humans lean toward natural beauty over artificial—the kind created by man. The natural is contemplative. The artificial—created *by* and *for* man—begs for functionality before beauty.

Design exists first for function, not for beauty. If the first holds, the second is irrelevant.
But not the other way around—beauty without function is worthless.

The effectiveness of architectural work is measured in functionality and economy, not aesthetics. Function is the queen, money the king. Beauty is the traitorous princess, defying the imperial order with her thirst for protagonism. Form and function are inseparable and binding.

Creative Recycling

Ideas are finite. Many, yes—but finite. They are parasites, always in search of a host.
They latch onto the creative mind, feeding their host and infecting it with the poison of obsession—until the host collapses. Then they become orphans, adopted and dressed up as "new" in another host.

New ideas hide behind the ones that were conceived but never born. To find the new, the old must be removed.

Use them to exhaustion. Discard them. Or make them happen. But get them out.
One way or another, they have to go.

[1] *"Kinder": Mexican shortening of "kinder garden," referring to early childhood education. Here used colloquially for preschool.*

The Drawing

Graphic expression is needed to build. Architecture is born in the mind—regardless of paper or screen. The methods must be rethought. Academia continues to teach only how to translate. The language of architectural thought has been left out, and fewer and fewer valuable ideas remain to be translated.

Computer-aided drawing dies of idea starvation. Its obsolescence is not technical. The pencil suffers the same fate. The tool external to the human is not bound to the idea. Its true instruments are: brain, heart, and instinct.

Let's imagine a novel—where a project is described, narrated in such detail that we can build it in our minds. We imagine nothing—everything is written, and our mind builds it with the same detail as the words.

Is the project real? Or does it not exist, because it only exists in the mind? Does proportion lose validity? What about anthropometry? It's the tree falling in the forest, and no one's there to hear it—does it make a sound?

The Ideas

Ideas remain—and only fade within the consciousness of the architect. They are either discarded or recycled until they are built, and their existence is deemed useful or useless only once they've been used; it's at that moment that time begins to run for them.

Creativity develops solely through empathetic consciousness, influenced by immediacy to the physical and the fleeting nature of existence itself. We are not spontaneous creators. Creation is the act of giving new form—material or immaterial—to what already exists. The purest geometries are stored in the non-being of the individual; they don't necessarily arise in the mind—they are transformed emotions: an ordered connection of formal patterns held in the individual unconscious that responds to the collective. They are born in drawings processed by a human actor, in all their dimensions and conditions.

When these creations appear, they are judged by their beauty—a beauty marked by a specific moment in time. They are not reflections of perennial beauty. They are obligated to evolve with time to retain their mark of the beautiful. Usefulness prevails and outshines aesthetics. The old and the new are beautiful only by the wonder of first sight—but behind them are embedded past moments soaked in memory, stirring emotion in the viewer influenced by what has already been lived. Contemplation now demands that memory exert pressure on consciousness, dictating what is endowed and defined as beautiful—simply because it has been defined that way.

The contemplation of these works is no longer a passive act. Now, memory weighs on us, telling us what to admire, what to consider beautiful—a definition imposed, a loveliness we accept, often without question, simply because that's how it was handed to us.

37 RML House

2018
19°25'29.7"N / 99°17'11.9"W
Mexico State, Mexico

A 849.32 m² single-family residence located in the State of Mexico and distributed over three levels. The program includes four bedrooms with en-suite bathrooms and closets, a terrace, garden, living room, makeup room, and two service rooms—combining spaciousness, functionality, and comfort.

Residencia unifamiliar de 849.32 m² ubicada en el Estado de México y distribuida en tres niveles. El programa contempla cuatro recámaras con baño y clóset, terraza, jardín, sala de estar, cuarto de maquillaje y dos cuartos de servicio, combinando amplitud, funcionalidad y confort.

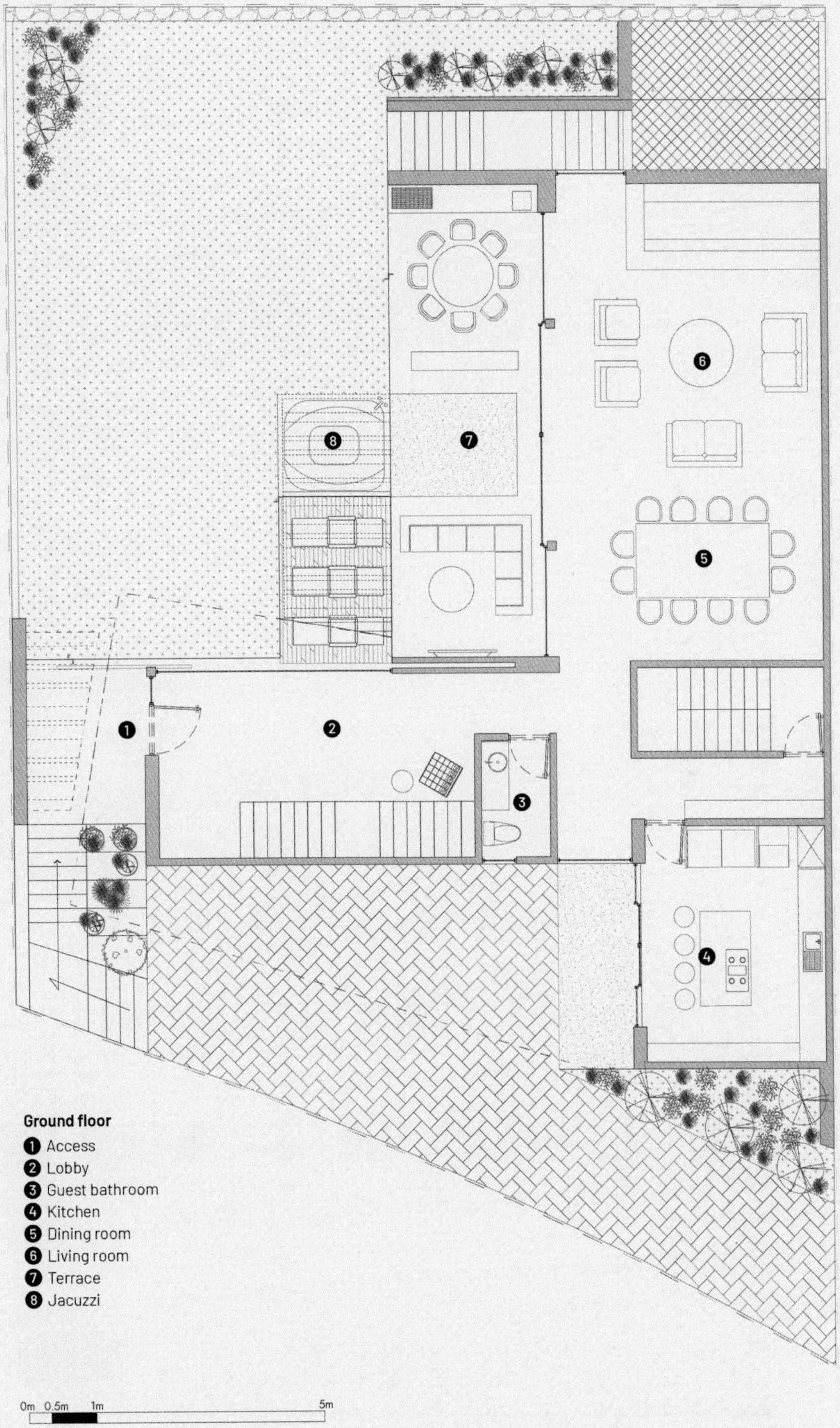

Ground floor

1 Access
2 Lobby
3 Guest bathroom
4 Kitchen
5 Dining room
6 Living room
7 Terrace
8 Jacuzzi

38 Centro Cultural Mexiquense Anáhuac

Colaboración con Grinberg & Topelson Arquitectos

2019
19°24'07.8"N / 99°15'42.4"W
Mexico State, Mexico

This 15,400 m^2 cultural project redesigns the Ángel and Tere Losada Theater, featuring a complete reconfiguration of sightlines, access, acoustics, stage, and finishes. The complex houses a fully equipped theater for 1,300 people and serves as the home of the State of Mexico Symphony Orchestra.

Proyecto cultural de 15,400 m^2 que rediseña el Teatro Ángel y Tere Losada. Incluye una reconfiguración total de isóptica, accesos, acústica, escenario y acabados. El complejo alberga un teatro para 1,300 personas, cuenta con instalaciones teatrales completas y es sede de la Orquesta Sinfónica del Estado de México.

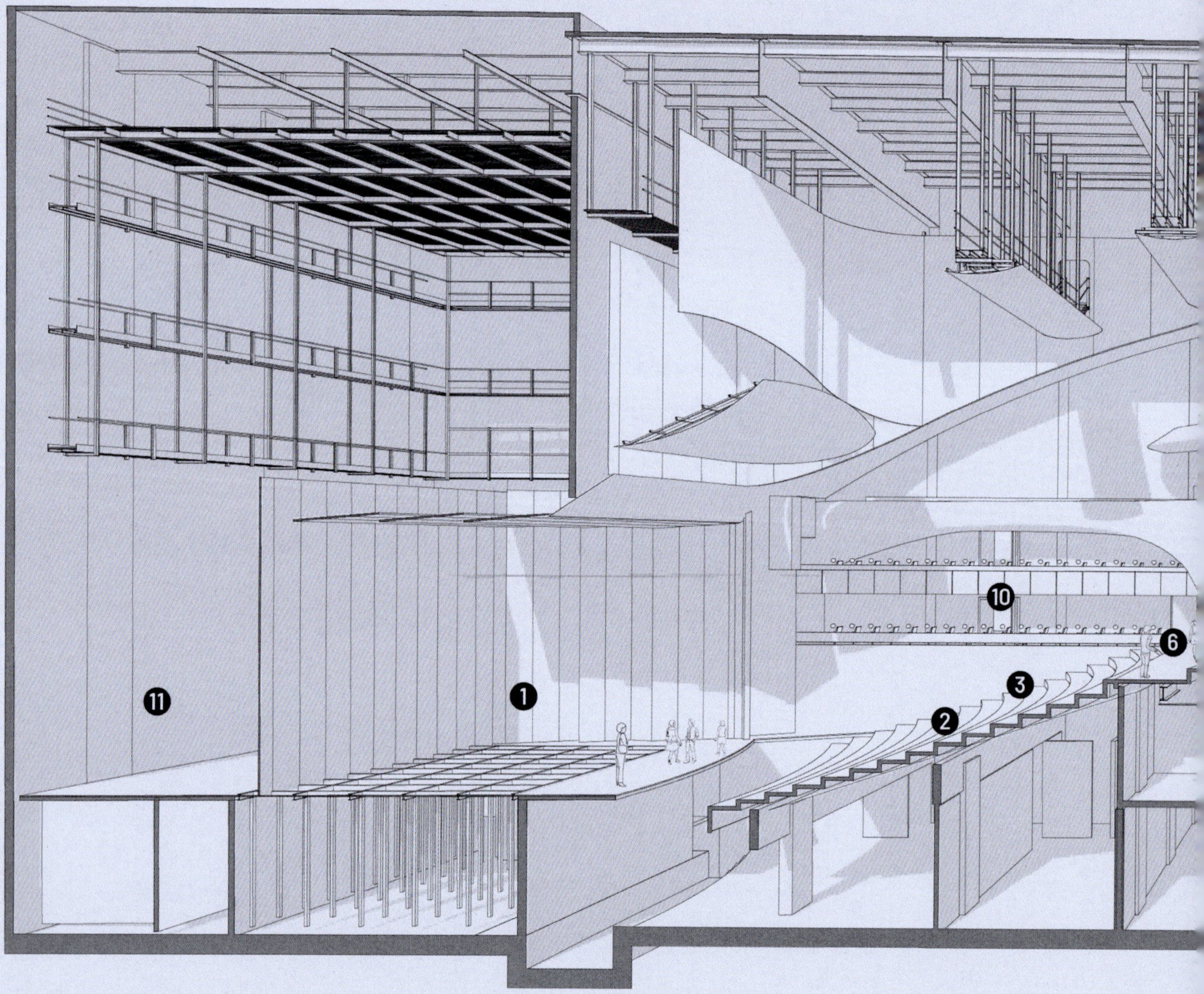

1 Stage
2 Gallery (cap. 144)
3 Stalls (cap. 419)
4 Bleachers (cap. 161)
5 Audio console
6 Internal circulations
7 Lobby
8 Amphitheater (cap. 151)
9 Gallery (cap. 161)
10 Side boxes (cap. 59)
11 Backstage
12 Music school
13 Engine room

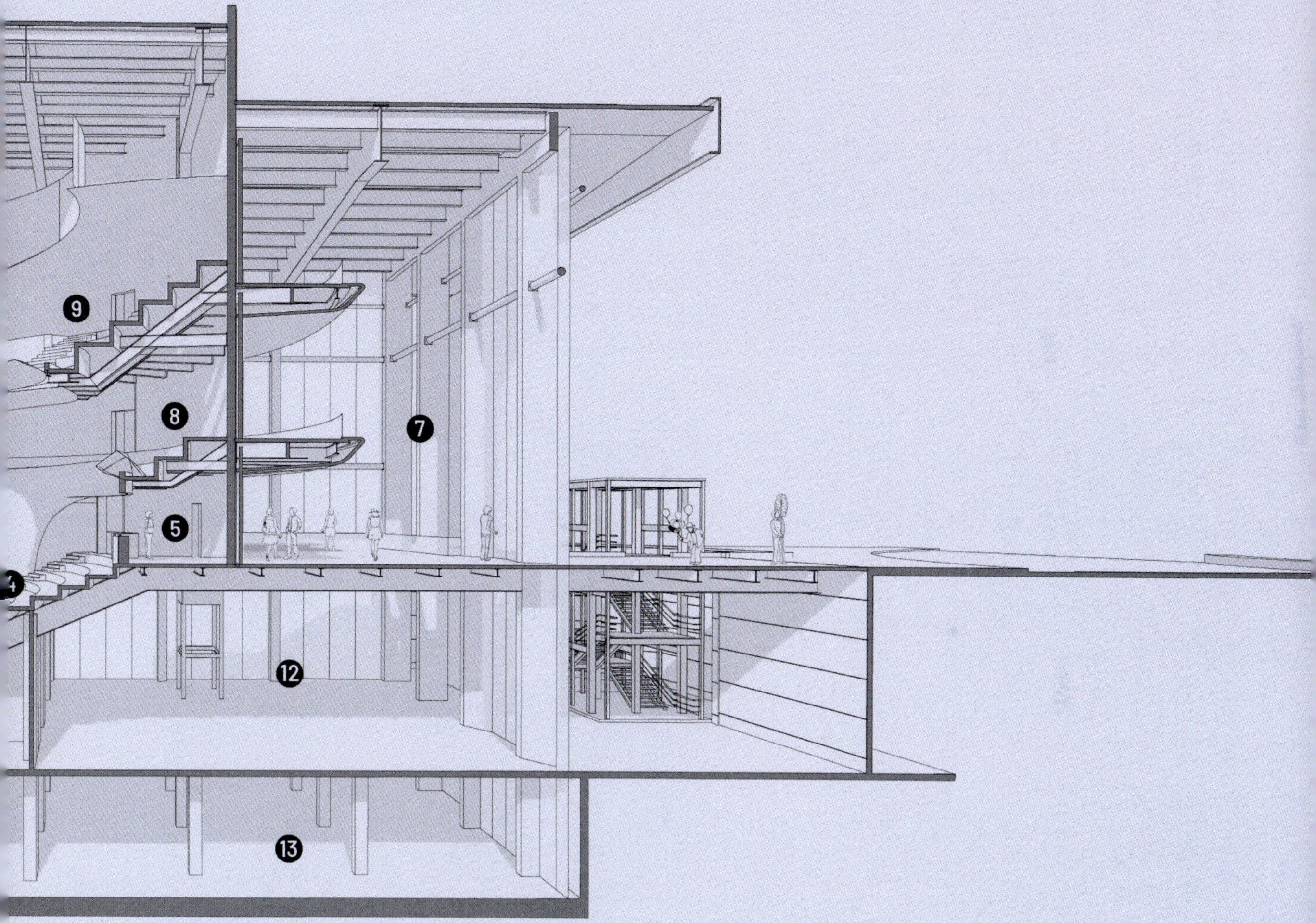
9
8
7
5
4
12
13

39 Egaligilo

2019
19°25′33.4″N / 99°10′56.5″W
Mexico City, Mexico

An installation that merges modern and parametric architecture through two concrete and steel envelopes. Designed to create an interior microclimate with a cloud forest, it promotes reuse and environmental awareness. Originally exhibited at the Tamayo Museum, it is intended to be adapted to new contexts.

Instalación que fusiona arquitectura moderna y paramétrica mediante dos envolventes de concreto y acero. Diseñado para generar un microclima interior con un bosque nuboso, promueve la reutilización y la conciencia ambiental. Fue exhibido en el Museo Tamayo y será adaptado a nuevos contextos.

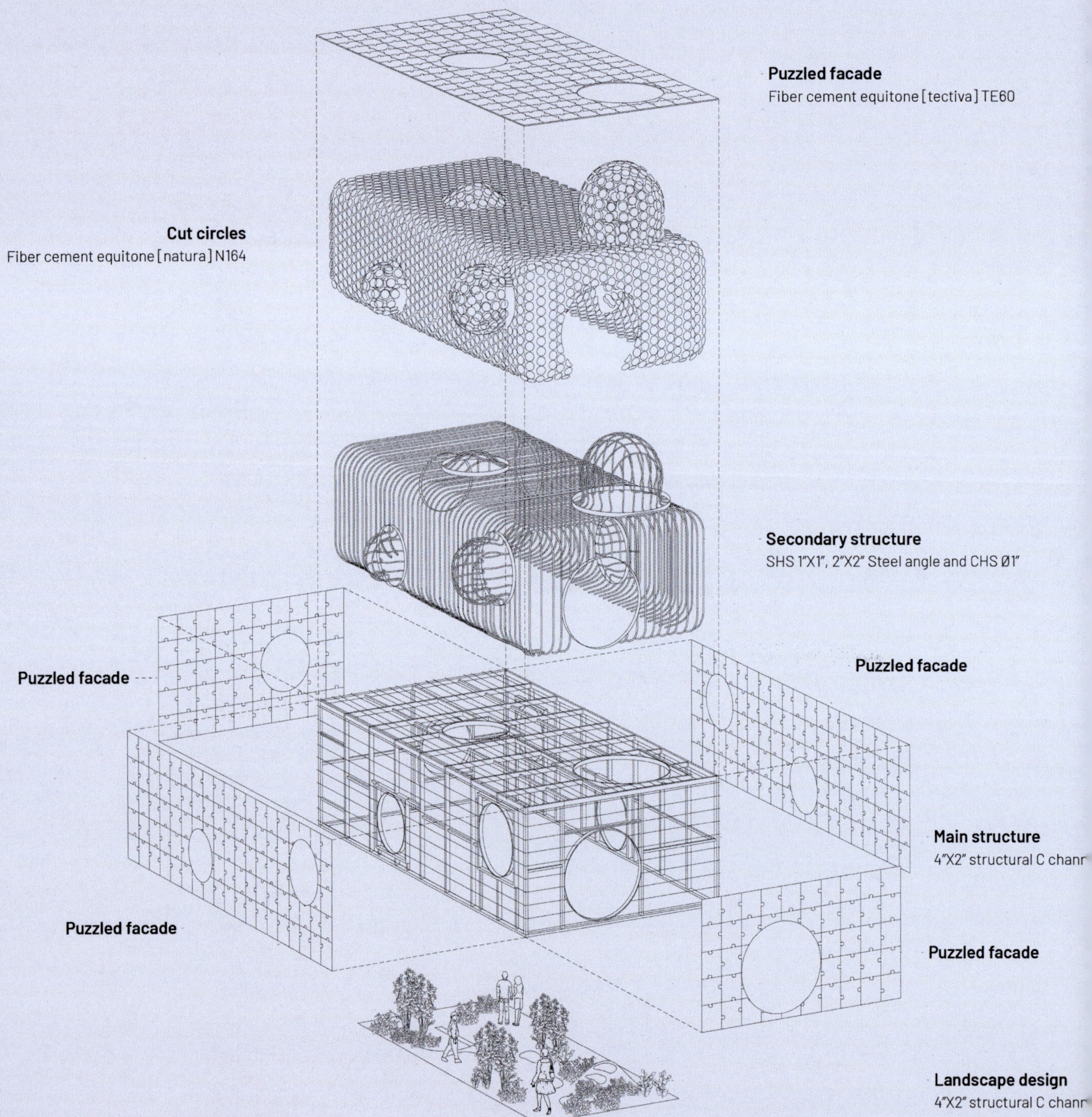
Puzzled facade
Fiber cement equitone [tectiva] TE60
Cut circles
Fiber cement equitone [natura] N164
Secondary structure
SHS 1"X1", 2"X2" Steel angle and CHS Ø1"
Puzzled facade
Puzzled facade
Main structure
4"X2" structural C chanr
Puzzled facade
Puzzled facade
Landscape design
4"X2" structural C chanr

40 Four Seasons Residence

2019
19°25′24.6″N / 99°10′27.7″W
Mexico City, Mexico

A project linked to Four Seasons CDMX, proposing a mixed-use tower on the hotel's current site. It integrates the existing hotel, a world-class spa as a transitional element, and residential units on the upper levels—all wrapped in an elegant, timeless design aligned with the brand's identity.

Proyecto vinculado al Four Seasons CDMX que plantea una torre de usos mixtos sobre el actual predio del hotel. Integra el hotel existente, un spa de primer nivel como transición y departamentos en los niveles superiores, todo envuelto en un diseño elegante y atemporal acorde con la marca.

41 Garden Polanco

2019
19°26′07.2″N 99°12′31.7″W
Mexico City, Mexico

A residential project featuring 39 apartments across 6 levels, offering 7 different unit types. Its name is inspired by the large central courtyard on the first level. Amenities on the rooftop include a gym, sky bar, lounge areas, grills, and a fire pit.

Proyecto residencial de 39 departamentos distribuidos en 6 niveles, con 7 tipologías. Su nombre proviene del gran patio central en el primer nivel. Cuenta con amenidades en el Roof Garden como gimnasio, sky bar, salas lounge, asadores y fire pit.

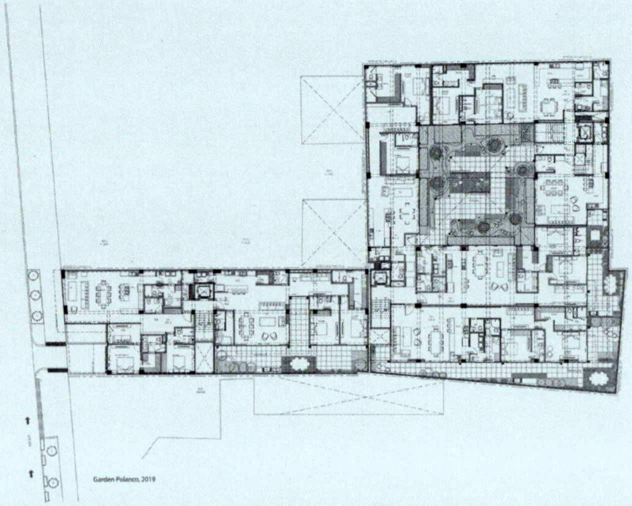
Garden Polanco, 2019

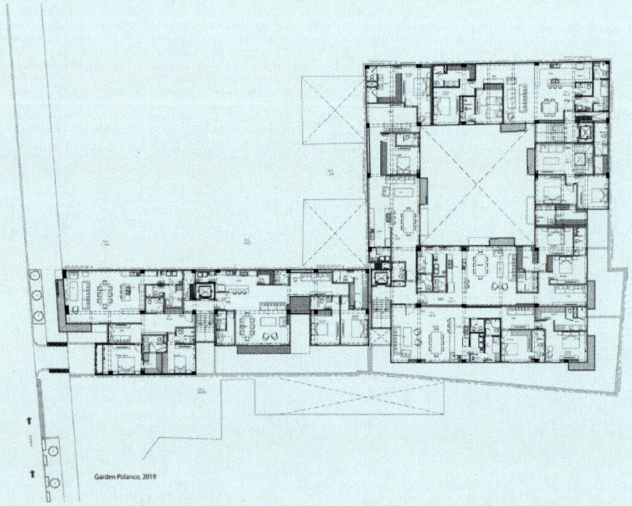
Garden Polanco, 2019

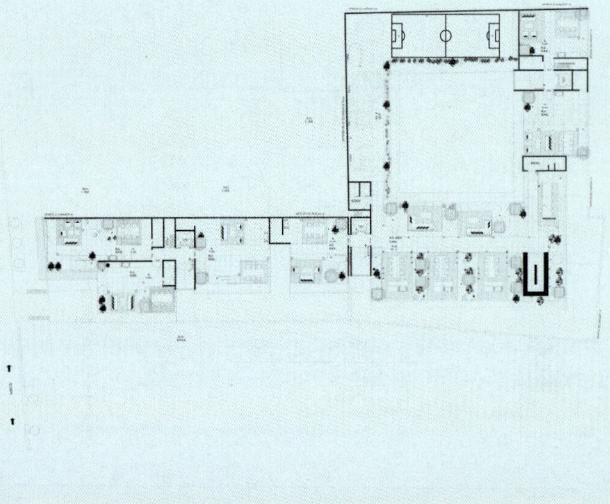

VISITA
CASETA DE
VENTAS

42 Broissin Toreo

2020
19°27'15.5"N / 99°13'04.2"W
Mexico State, Mexico

A post-pandemic corporate office in Mexico City that redefines the workplace as a center for collaboration. Featuring ventilated, controlled pods for teams of up to 8 people, it moves away from the traditional open-plan model. The design simulates an indoor-outdoor experience through vegetation, circadian lighting, and an urban farm—creating an efficient, healthy, and sustainable environment.

Corporativo post-pandemia en CDMX que redefine el espacio de trabajo como centro de colaboración. Con células ventiladas y controladas para equipos de hasta 8 personas, elimina el modelo de oficina abierta tradicional. Simula la experiencia de interior-exterior mediante vegetación, iluminación circadiana y una granja urbana. Todo en un entorno eficiente, saludable y sustentable.

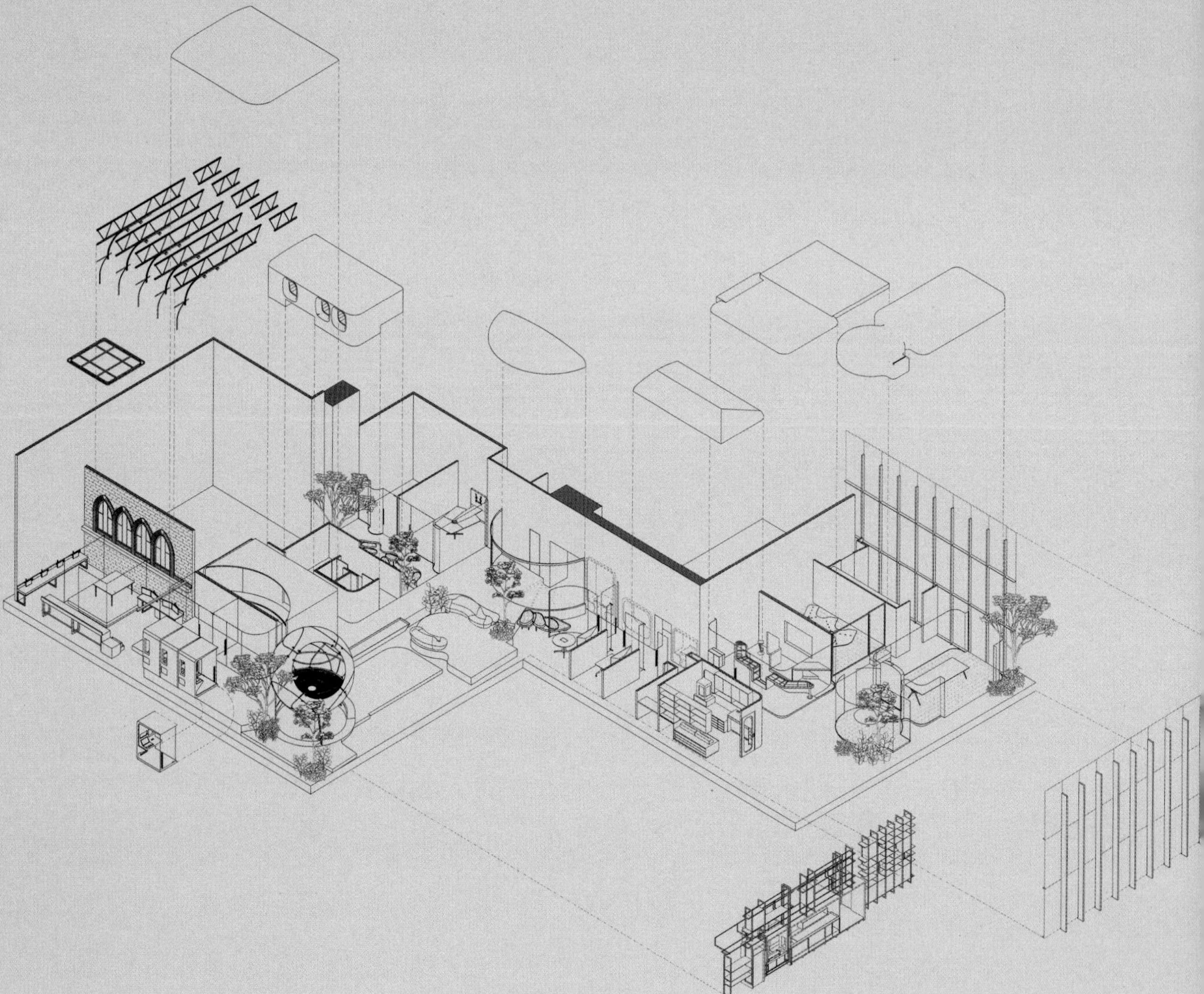

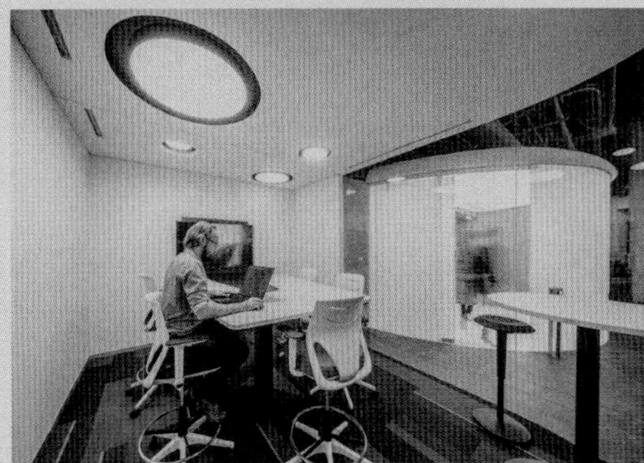

43 Guaycura

2020
23°26′48.9″N / 110°14′40.3″W
Baja California Sur, Mexico

A 50,000 m^2 beachfront hotel development in Todos Santos, the project is organized through a grid module that expands according to program hierarchy—integrating lobby, restaurants, pools, gym, beach club, suites, and villas. Its organic, all-white architecture incorporates the blue of the water, the red of exposed brick, and the green of local vegetation, creating a serene experience in harmony with the landscape.

Desarrollo hotelero de 50,000 m^2 frente a la playa de Todos los Santos. El proyecto se organiza mediante un módulo cuadricular que crece según la jerarquía del programa, integrando lobby, restaurantes, albercas, gimnasio, beach club, suites y villas. Su arquitectura de líneas orgánicas, completamente bañada en blanco, incorpora el azul del agua, el rojo del tabique expuesto y el verde de la vegetación local, creando una experiencia serena y en armonía con el paisaje.

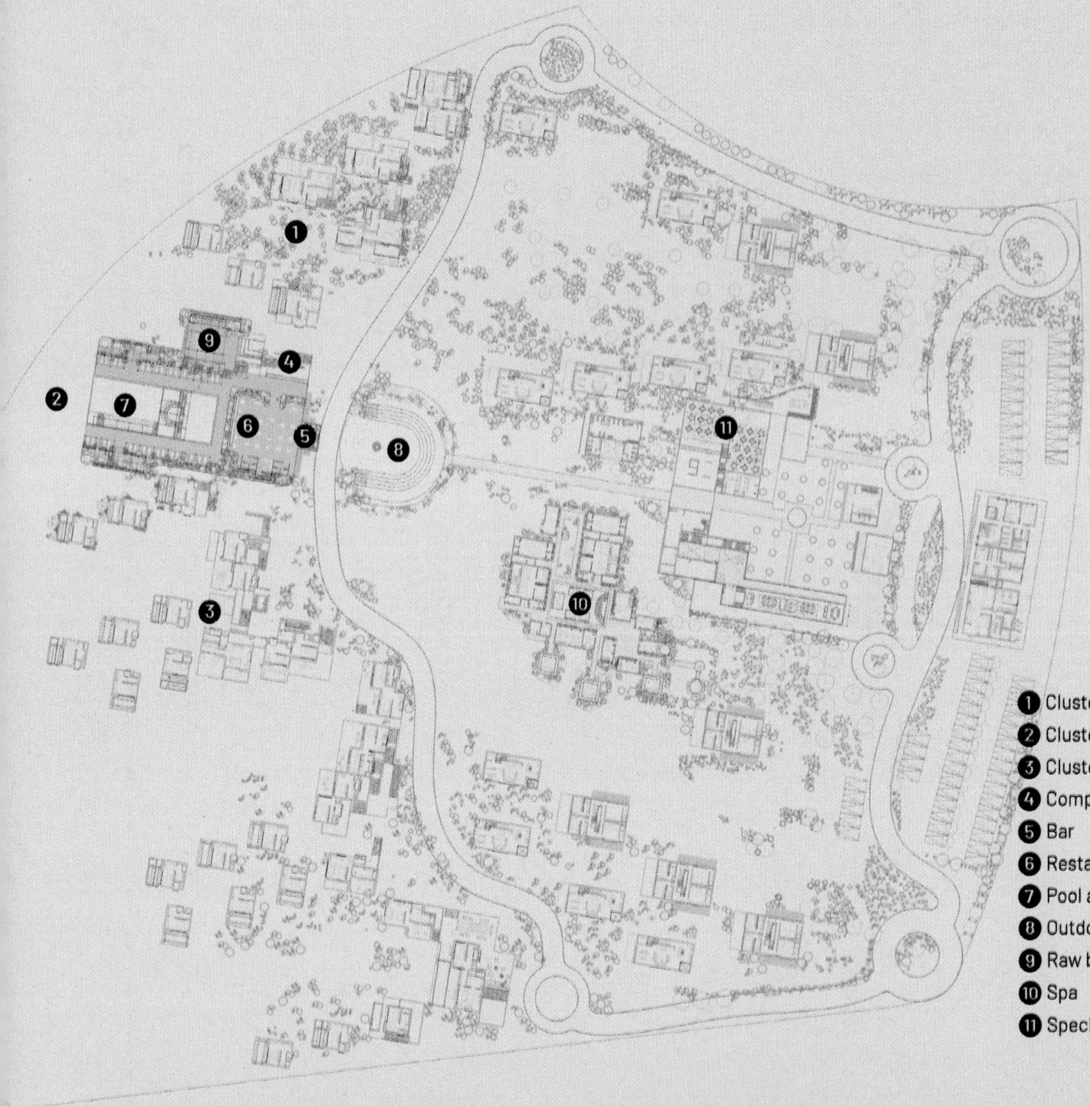

1 Cluster A
2 Cluster B
3 Cluster C
4 Complex access
5 Bar
6 Restaurant all day
7 Pool area
8 Outdoor forum
9 Raw bar
10 Spa
11 Specialty restaurant

44 C5 El Salvador

2020
13°42'02.0"N / 89°11'28.4"W
San Salvador, El Salvador

The El Salvador Intelligence Center is a 10,000 m² government complex in Ciudad Merliot, conceived as a strategic national security hub. Its cutting-edge architecture is organized around a descending central plaza that leads to the main entrance. The stylized, futuristic ring-shaped building symbolizes control, advanced technology, and operational efficiency, while its enveloping geometry enhances security and supports a cohesive program layout.

El Centro de Inteligencia El Salvador es un complejo gubernamental de 10,000 m² ubicado en Ciudad Merliot, concebido como un nodo estratégico de seguridad nacional. Su arquitectura de vanguardia se organiza a partir de una gran plaza descendente que guía al visitante al acceso principal. El edificio, con forma de anillo estilizado y futurista, simboliza control, tecnología de punta y eficiencia operativa. Su geometría envolvente refuerza la seguridad y permite una distribución funcional e integral del programa.

45 Edificio de posgrado Anáhuac

2020
19°24'10.6"N / 99°15'41.1"W
Mexico State, Mexico

The renovation of the Graduate Building updated technology and furniture, integrating MBA classrooms, networking areas, and tiered seating that promotes academic interaction. With a sustainable approach, it reused existing materials, adapting them to a contemporary design. The result is a versatile environment that enhances the educational experience and fosters collaborative learning.

La remodelación del Edificio de Posgrado actualizó tecnología y mobiliario, integrando salones MBA, zonas de networking y gradas que impulsan la interacción académica. Con enfoque sustentable, reutilizó materiales existentes adaptándolos a un diseño contemporáneo. El resultado es un entorno versátil que enriquece la experiencia educativa y fomenta el aprendizaje colaborativo.

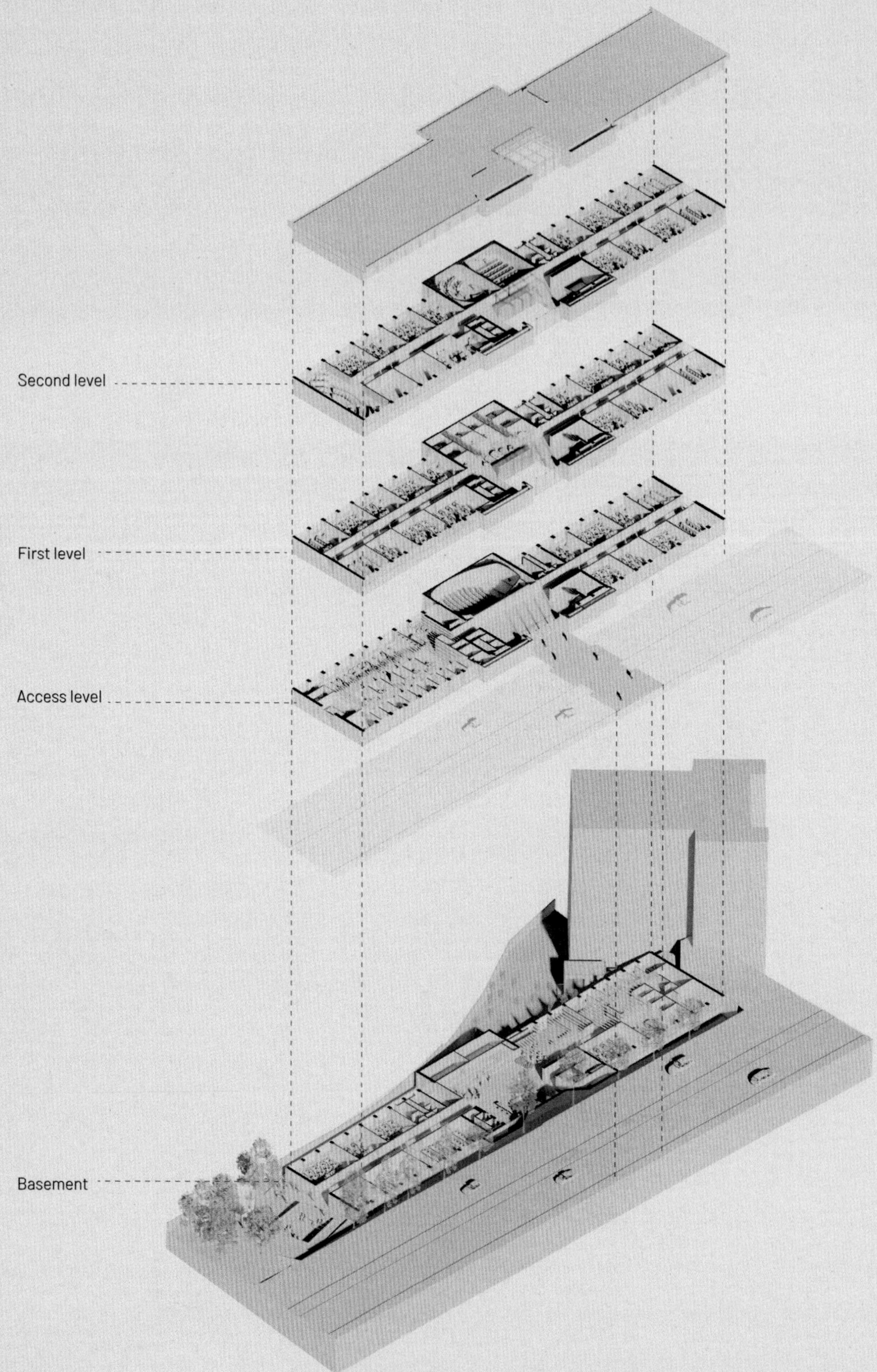
Second level
First level
Access level
Basement

46 Elysée Polanco

2020
19°25′45.6″N / 99°12′05.3″W
Mexico City, Mexico

Mid-rise residential development in Polanco that blends traditional Mexican architectural elements with classic details, including the use of arches on the façade as a timeless symbol of architecture. It features spaces that promote residents' well-being, such as a rooftop terrace with a pool, a children's playroom, and various apartment typologies.

Desarrollo residencial de media altura en Polanco que fusiona elementos arquitectónicos tradicionales mexicanos con detalles clásicos, incluyendo el uso del arco en la fachada como símbolo atemporal de la arquitectura. Cuenta con espacios que favorecen el bienestar de los residentes, como una terraza con alberca, una ludoteca y diversas tipologías de departamentos.

ELYSÉE
POLANCO
369

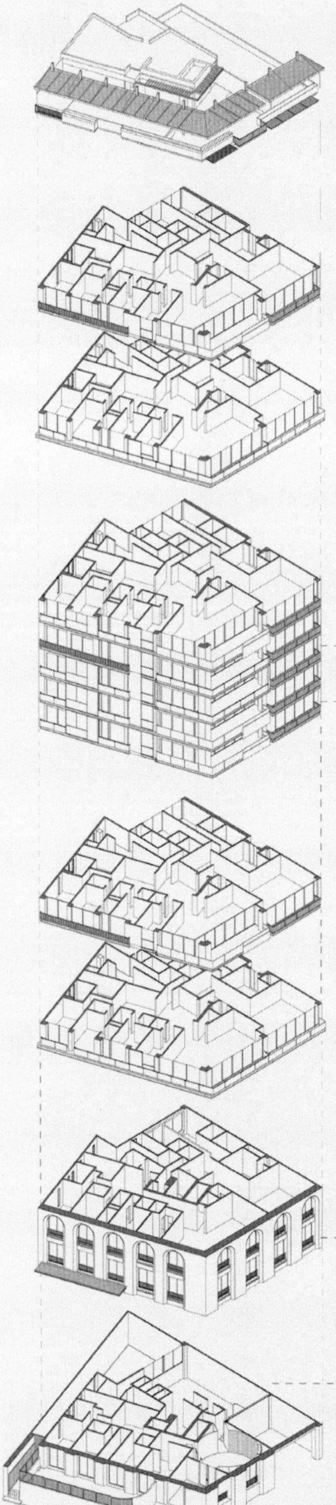

Roof Garden
Roof Garden (270.64 m²)
Swimming pool
Gym (43.89 m²)
Private Roof Garden (196.00 m²)

Level 11
Penth House: Type. PH (484.00 m²)

Level 10

Level 9

Level 8

Level 7

Level 6

Level 5

Level 4
Typology A (276.58 m²)
Typology B (205.86 m²)

Level 3
Typology A (284.44 m²)
Typology B (206.59 m²)

Level 2

Level 1
Typology A (272.72 m²)
Typology B (196.83 m²)

Ground floor
Atrium
Lobby (117.34 m²)
Playroom and terrace (67.65 m²)
Garden House: Type. GH (380.24 m²)

47 Citlalapa

2022
19°26'15.0"N / 97°01'49.5"W
Veracruz, Mexico

A 110,000 m² hospitality project located in Veracruz, featuring a clubhouse, event hall, and two types of bungalows. The design revolves around a central lake, which serves as the organizing axis and main attraction of the complex, creating an immersive experience of rest and connection with nature.

Proyecto de hospitalidad de 110,000 m² ubicado en Veracruz, que integra una casa club, salón de eventos y dos tipos de búngalos. Su diseño gira en torno a un lago central, que actúa como eje articulador y principal atractivo del complejo, creando una experiencia inmersiva de descanso y conexión con la naturaleza.

❶ Club House (552 m²)
Lobby
Restaurant
Playroom
Swimming pool
Office

❷ Event Room (660 m²)
Event room
Terrace
Restrooms

❸ Bungalow (40.74 m²)
Room
Bathroom
Terrace

❹ Lake

❺ Parking lot

48 Casa 360

2022
25°34′09.4″N / 100°16′42.0″W
Nuevo Leon, México

The house is nestled in local flora to create privacy and a sense of seclusion. Each room offers views of gardens or mountains, enhancing immersion in nature within a dense urban setting. The architectural program separates public and private areas into two distinct volumes. These are connected by a bridge overlooking the pool and garden.

Casa integrada al entorno natural, rodeada de flora local y alejada de vecinos cercanos. Cada espacio ofrece vistas al jardín o a las montañas, generando una experiencia inmersiva en la naturaleza. El programa se divide en áreas públicas y privadas distribuidas en dos volúmenes unidos por un puente sobre la alberca.

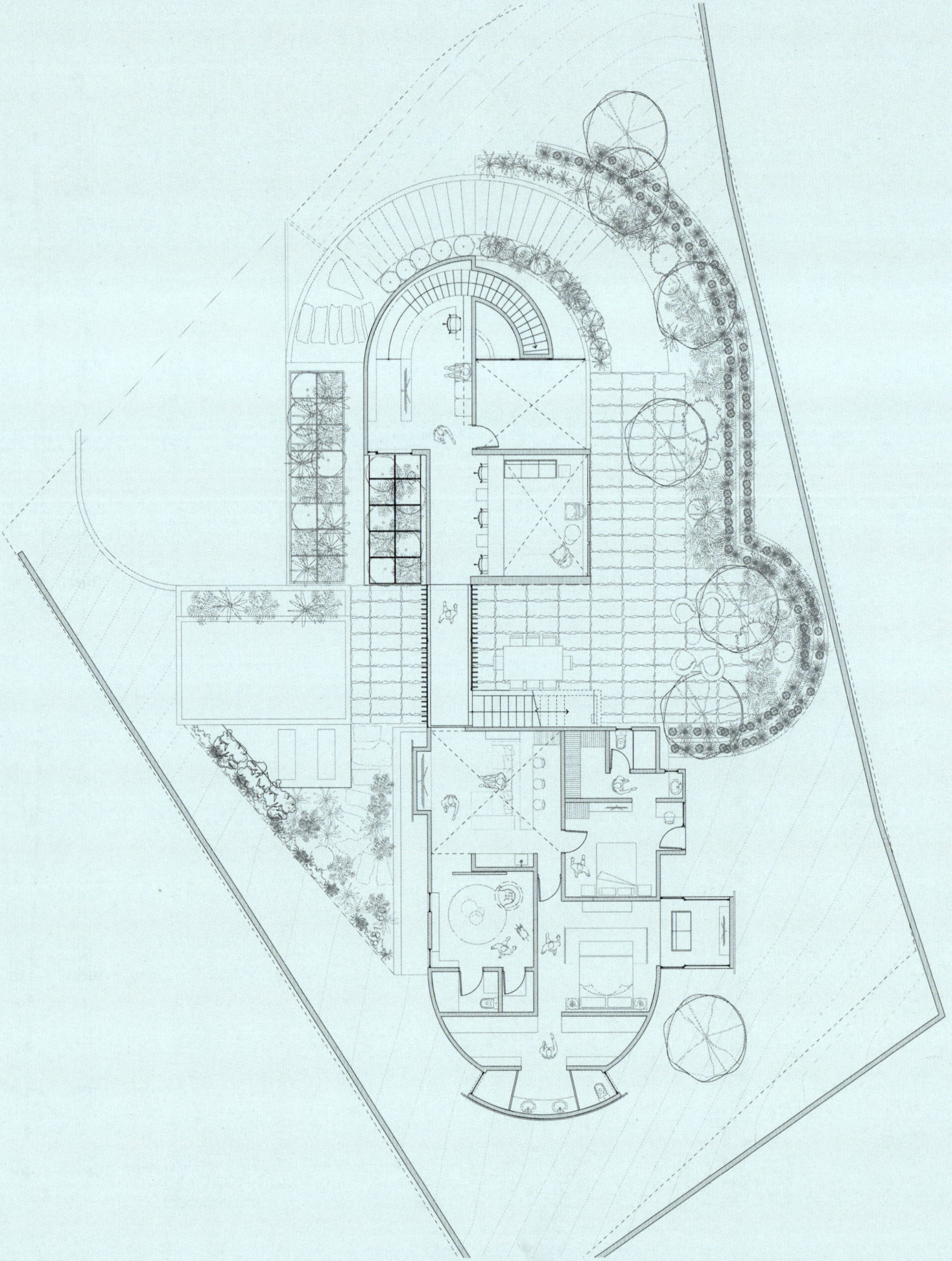

16

49 Sennse Tabacalera

2022
19°26′14.3″N / 99°09′20.0″W
Mexico City, Mexico

A 21-story residential development with privileged views of the Monument to the Revolution, featuring a façade that incorporates art déco elements. The design engages elegantly and coherently with the surrounding architecture in the heart of Mexico City.

Desarrollo residencial de 21 niveles con privilegiadas vistas al Monumento a la Revolución, cuya fachada retoma elementos del estilo art déco, dialogando con elegancia y coherencia con la arquitectura del entorno en el corazón de la Ciudad de México.

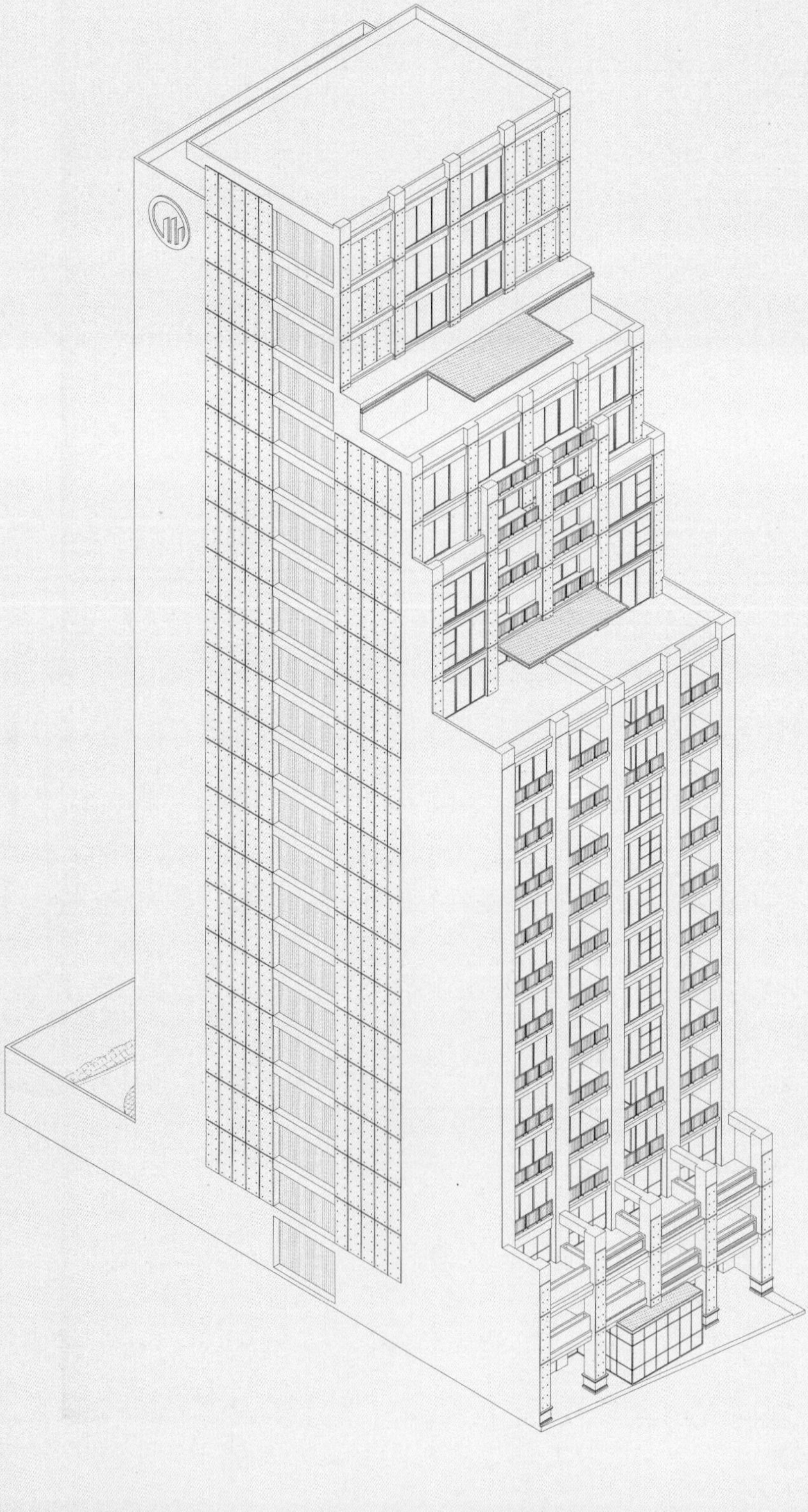

Good
Vibes

50 Clara

2023
19°25′10.9″N / 99°10′20.2″W
Mexico City, Mexico

Office design for the startup Clara, conceived as a flexible space that promotes new ways of working. Distributed across two areas connected by an open lobby, it includes a dining area, meeting rooms, collaborative spaces, open work zones, and areas for meditation and gatherings—fostering well-being and productivity.

Diseño de oficinas para la startup Clara, concebido como un espacio flexible que promueve nuevas formas de trabajo. Distribuido en dos zonas conectadas por un vestíbulo abierto, integra comedor, salas de juntas, áreas colaborativas, espacios abiertos, zonas de meditación y reuniones, fomentando bienestar y productividad.

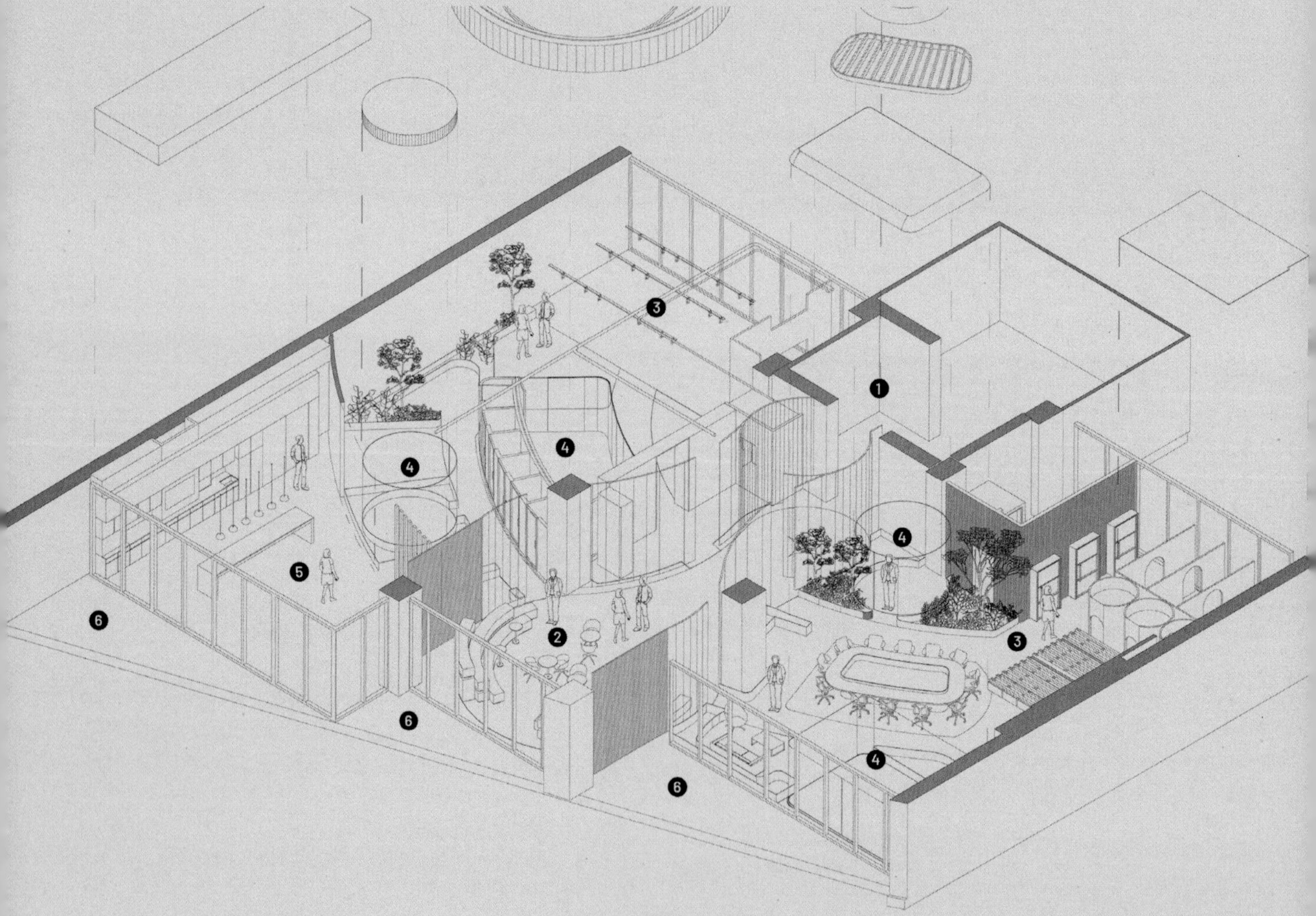

1. Access
2. Foyer
3. Workspace
4. Private workspace
5. Cafeteria
6. Terrace

Let's
grow
together!

Bogotá

33
34
35
36
37
38
39
40
41
42
43
44

7:28

51 Mercado Libre México

2023
19°26'28.8"N / 99°11'46.9"W
Mexico City, Mexico

Offices spread across two levels that balance contemporary design with thoughtful tropicalization, highlighting a distinctly Mexican identity. Though it is an international company, the space proudly reflects its national roots. The program includes open work spaces "barrios," enclosed meeting rooms, collaborative areas, and a café zone, all prioritizing the holistic well-being of its users.

Oficinas distribuidas en dos niveles que equilibran un diseño contemporáneo con una cuidadosa tropicalización que imprime identidad mexicana. Aunque se trata de una empresa internacional, el espacio refleja con orgullo su origen nacional. El programa incluye "barrios" abiertos, salas de juntas cerradas, áreas colaborativas y zona de café, priorizando el bienestar integral de quienes lo habitan.

52 UAM Lerma

2023
19°17'29.6"N / 99°29'52.7"W
Mexico State, Mexico

The campus is designed with a modular layout, lightweight façades, and a pedestrian axis that articulates the volumes. Its architecture fosters functionality, formal clarity, and a strong connection with the natural environment.

El campus esta formulado con un diseño modular, fachadas ligeras y un eje peatonal que articula los volúmenes. Su arquitectura promueve funcionalidad, claridad formal y conexión con el entorno natural.

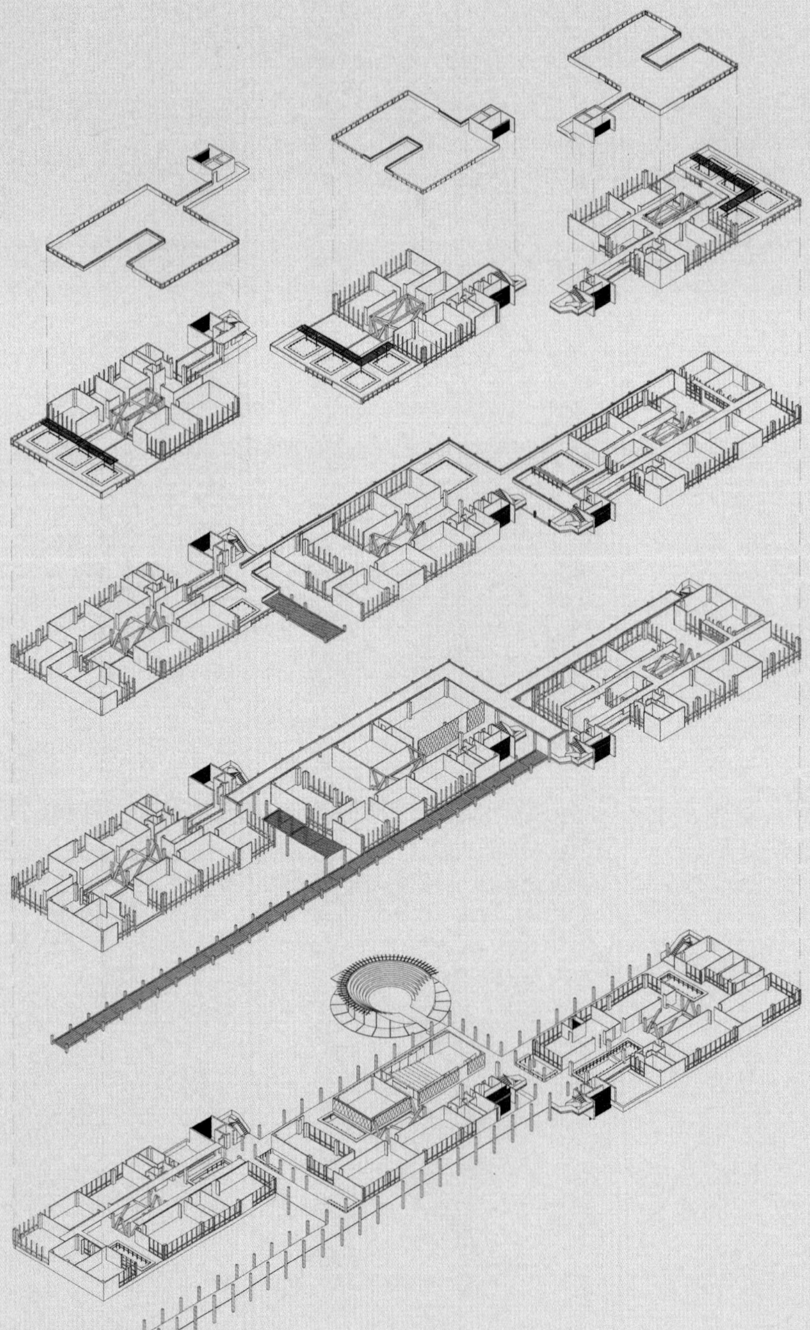

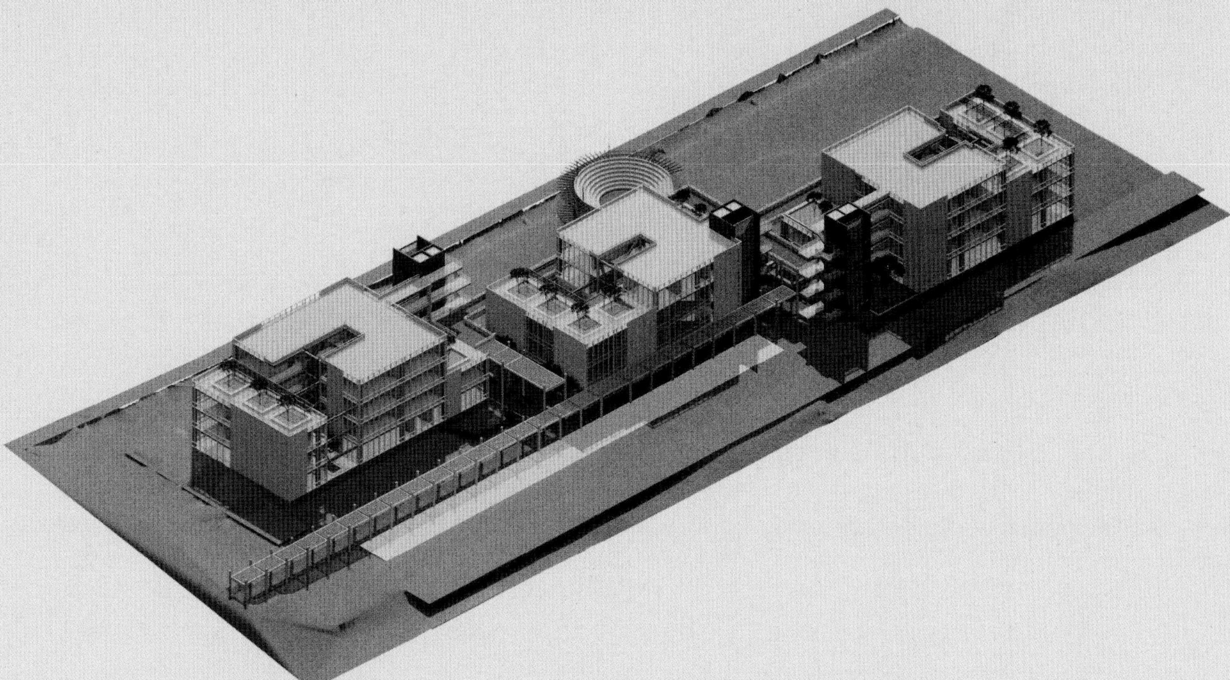

CBS-01
CBS-01

6. La ruina del compromiso, Premios, placas y otras formas de inmortalidad biodegradable.

~~Arquitectura en chanelas: inmortalidad renderizada~~

Miradas a lo urbano, lo cotidiano, la estética del desorden y el valor del contexto como componente fundacional del pensamiento arquitectónico.

Cotidiana belleza del DF

La vida, que solo es una

El ego del arquitecto

Cotidiana belleza del DF.

Los recorridos no son bellos, más bien feos, la fuerza de la costumbre los hace neutrales y dejan de molestar y pasan al subconsciente. La ciudad es más Frankensteiniana que Barbienian , eso le da fuerza y carácter, está en su historia y materialidad la belleza, no en la plástica misma, en ese contexto se forja la cotidianeidad de la mayoría. Son solo zonas a las que se les dicen "bonitas" la generalidad está en otras categorías lejanas a un calificativo de hermosura. Qué desprestigio al Arquitecto.

La profesión está en deuda con el recorrido diario, se pasa por zonas feas. Parece que no existimos en la mayor parte de la urbanidad. Una que otra "joyita" hace el quite y distrae medianamente bien de lo grotesco del paisaje urbano. Hay mejores Doctores que arquitectos sin duda alguna. Mejores cocineros también; "En México se como bien en todos lados, es como Italia, en cualquier lugarcito se come rico" tantas veces se oye eso como tantas más "que bonito es México" (éste con acento extranjero) en chilango debería de oirse menos , sin embargo se oye.

El habitante de la Condesa siente distinto, ese segmento se cuece aparte, es de otro mundo , entiende diferente la realidad popular. No tienen coche, solo caminan y usan Uber si no es muy lejos, máximo las Lomas, santa fe e Interlomas ya es provincia, Satélite, Linda Vista y Coapa es muy lejos y el Bronx es más seguro. Van en bici a Polanco y sus baños de pueblo son en los límites de la Roma norte. Se arman una realidad bonita. Trabajan en la doctores, es el Mexican Chelsea. Esos son los que dicen "que bonito es México, y que bien se come". Son la minoría. El mexicano de a pié es optimista y de buena cuna, eso ayuda enormemente a ver lo feo con mejores ojos. México no es bonito...pero tiene su encanto.

t
Qu
gra
es es

...a vida
...a arquitectura.

La vida, que solo es una

Arquitectura de una sola vida, no para ella; es el usuario el que queda condenado a una, viviendo o muriendo en ella. Del arquitecto que la diseña dependerá.

Para la arquitectura, vienen más vidas si se juntan los elementos vitales para sostenerla en el tiempo: economía social y de mercado, utilidad y solidez. De otra forma muere, la belleza nunca será suficiente.

Qué frágiles y parecidos somos. La arquitectura se rompe y **nosotros también.**

La arquitectura se encierra en sí misma y **nosotros igual.**

La fachada es fea o bonita, pero por dentro sirve o muere... **nosotros también.**

La arquitectura se siente más importante de lo que en verdad es, **nosotros también.**

El ser humano busca valor en el tener y no en el ser. Así, la "buena" arquitectura hoy vale por tener un buen autor, una buena crítica y un buen fotógrafo... ¿a eso hemos reducido a la arquitectura? ¡No! "Valor por lo que ha sido", dirán, ¿y qué ha sido sino más que la suma de fotos, visitas y citas bibliográficas?

A la arquitectura anónima la rescata un crítico solo para quitarle su dignidad. Somos atroces. La desnudamos y deja de ser arquitectura. Intentamos contestar la pregunta más común para darle entonces algún valor: "¿de quién es?" Qué mal se siente estar en la calle, afuera de la casa de Barragán. Adentro, es un museo. Qué bonito lugar al llegar a la Farnsworth House de Edith, pero ¡qué irremediablemente incómodo vivirla! Quizá solo para una comida esté a gusto. Hoy, es un museo también.

Qué bien se siente cuando uno llega a la calle de su casa. Adentro, generalmente también es gratificante. Bonita o fea, ¿qué más da? Lo bonito está en la gente con quien la compartes. La vida es esa y solo hay una. Qué desperdicio usarla para darnos guayabazos por nuestra arquitectura.

El ego del arquitecto.

Dice un premio pritzker en medio de un congreso de arquitectura, ~~que de congreso no tiene nada, es una serie de pláticas sosas con gente que ha construido un nombre por la fama de su obra arquitectónica y rara vez por buen contenido intelectual. Así que~~ donde la transmisión del conocimiento queda condenada a una serie de fotos bien logradas de la obra del ponente. Bueno, el/la ponente decía: "...so we make this strong statement" con entonación fuerte en el we mientras una diapositiva mostrando una foto de un edificio masivo de los 60's enunciaba: "Never demolish, always reuse, transform" y algo más que no pude procesar ya.

El convencimiento y la forma de platicarlo como la gran ocurrencia del arquitecto que hablaba era lamentable. A todas luces no lo demolieron porque el cliente no quería seguramente o era inviable financieramente, no por ningún estudio profundo de sustentabilidad que falsamente soportó con un par de datos tomados de Internet ~~sobados en su oficina por una par de becarios competentes~~. Sin embargo se presentó como el arquitecto todo poderoso que salvó al mundo de un crimen ecológico tremendo.

No es el tema del re-uso arquitectónico , como en este caso, es el re-uso infame de frases egocéntricas disfrazadas de solidaridad, compromiso y razón, siempre hablando en 1era persona del plural fingiendo colectividad:

"lo que dice el arqui..." \ = lo que piensa/siente

"creemos que..." = hago lo que quiero.

"nos gusta entender..." = me aventé un viajezote y me organicé una explicación.

-la ignorancia prevalece sobre el conocimiento.

"centramos la discusión en el taller en..." = le dije a mis 10 becarios lo que íbamos a hacer

- ~~falsa democracia~~

"observamos el sitio, a la gente del vecindario y como resultado hicimos..." = en reaildad hice lo que quise y lo que más me convino y me gustaba.

"...nuestro proyecto propone un discurso...bla bla bla" = . . . - (Este si se lo creen enserio) Pero **mire mi Arqui precioso:** Ni el proyecto es suyo, ni propone nada!

Y nada más alejado de establecer un "discurso".

El proyecto es del cliente, responde a un encargo, y el edificio, le informo, no tiene voluntad.

Lo que sí tiene es presupuesto, normativas, plazos, y una fila de ingenieros que le van a reconfigurar sus caprichitos.

Insistir con que propone un discurso es un despropósito, la arquitectura responde a necesidades concretas, es reflejo de la sociedad y de su época, no al revés. ~~El otro día oía al plomero declarar que el recorrido de sus tuberías "reflexiona sobre los flujos contemporáneos del habitar líquido".~~

La arquitectura no necesita disfrazarse de ensayo literario para justificar su existencia.

-Tan grande el ego que competimos por ganar un concurso, damos ideas a cambio de reconocimiento. Somos la presa más fácil de cazar. Gastamos para ganar. La lotería a largo plazo podría ser mejor, seguramente pero no alimenta el ego si uno la ganara. Seguimos invirtiendo en el ego mientras devaluamos, cada vez más, el verdadero valor de las ideas arquitectónicas. Por eso las exposiciones de los 'grandes' en las conferencias son tan pobres: están desgastados, y lo que cuentan ya no es arquitectura, son ellos mismos con la arquitectura como excusa. Se entiende. De otro modo, no podrían soportar la humillación profesional que implica trabajar gratis solo por tener un proyecto en sus talleres.

(Nosotros también lo hemos hecho. Al menos soy consciente,aunque sé que eso es un consuelo inútil. Ya me di cuenta... o eso quiero creer. Ironía, claro. Tal vez algún arquitecto que esté leyendo esto se lo creyó.)"

~~Realidades principios ironías sarcasmos,~~

1. Amamos el patrimonio... siempre que no estorbe.

Es mirado con devoción, fotografiado con drones, citado en conferencias. Pero apenas es exigido respeto estructural o límites presupuestales, es declarado "obsoleto" y es "reinterpretado" con acero negro y vidrio ahumado.

2. "Inspirado en el contexto"... que vimos por Google Maps.

El entorno urbano debe ser usado como inspiración... mientras no sea impedido construir ese prisma de concreto blanco que tanto gusta a las portadas. Porque claro, la identidad local es valiosa... solo si cabe en 1,200 caracteres de Instagram.

3. El arquitecto ya no construye: ahora curatea.

Diseñar está pasado de moda. Lo verdaderamente elegante es seleccionar referencias, dirigir colectivos, hacer colaboraciones, y luego posar junto al modelo a escala con pleno convencimiento y como si hubiera clara conciencia de lo hecho.

El verdadero arquitecto ya no pone ladrillos. Pone hashtags y publica su obra.

4. Ganamos un concurso una vez. Nunca lo construyeron.

Pero qué bien se ve en la web.

Los concursos no se ganan, se editan.

El verdadero talento no está en proyectar, sino en producir el PDF perfecto:

sin errores tipográficos, con storytelling emocional, poner maquetas en museografía nórdica y una justificación ecológica, aunque el proyecto esté sobre un humedal.

5. La arquitectura tiene que ser fotogénica.

Si la obra no provoca lágrimas, selfies o un artículo en ArchDaily o Arquine algo anda mal, hay que enderezar el renglón.

¿Funciona bien? ¿Respeta a los usuarios? ¿Cuida el clima?

Eso qué bueno. Pero sin drama visual, ya no hay arquitectura.

6. El render es la obra. Lo demás ya es trámite...solo es arquitectura

La representación supera a la realidad.

Todo debe brillar como al atardecer de un martes marciano.

Los árboles deben estar perfectamente podados. Los usuarios siempre sonríen.

Y si el edificio real no se vive igual que en la imagen... pues ya habrá otro render mejor para que sigue.

7. Publicar es más importante que habitar.
Diseñamos para el ángulo de 3/4. Bird eye view
Nadie vive ahí.
Pero el jurado dijo que era "poético". Y eso ya es un tipo de habitabilidad.

8. La arquitectura social es nuestro momento favorito... en el currículum.

Construimos una escuela en una comunidad rural una vez. Nos encantan los procesos participativos... si no duran mucho.

Había que vivir la experiencia.
Tuvimos un dron, tres fotógrafos y una charla TED al volver.
No regresamos jamás, pero quedó hermoso en blanco y negro.

9. La sostenibilidad es el nuevo mármol.

No importa si contamina, desplaza comunidades o requiere diez toneladas de materiales traídos en avión: lo importante es decir que es "verde", "consciente", "LEED-ready".

Los slogans salvan más edificios que los cálculos.

10. Diseñamos desde la emoción... pero cobramos como si no la tuviéramos.
El cliente se emocionó. Nosotros también.
Después no quiso pagar.
Pero no importa: hay pasión.
La pasión no paga la nómina, pero ilumina el alma.

Epílogo ~~innecesario~~

La arquitectura ya no se habita.

Se exhibe. Se etiqueta. Se imprime.

Se celebra entre pares, se explica con términos que nadie entiende, y se olvida apenas termina la Bienal.

Pero no importa. LA/EL arqui fue, es y será siempre el centro. **Hasta que un día ya no.**

(Pero antes de que eso pase ACTAR, pónganle ctrl print a este librito.)

Heritage Modernism, "The Journey of Ega Tireh: An Architectural Novel,"

Los arquitectos que aún preguntan.
Los que no están seguros si seguimos construyendo espacios para vivir o solo alimentando un algoritmo para morir.
Los que sospechan que los starchitects y los grandes cánones ya no sostienen el peso del mundo contemporáneo.

Que a Vitruvio ya no le alcanza, que Le Corbusier, el profeta del hormigón, ciertamente nos heredó su lentes de pasta, y ya no nos mira desde lo alto, sino desde una revista reciclada en el vestíbulo de una escuela vacía.

Que la reina de las curvas imposibles se volvió un requisito escenográfico.

Que el caballero y maestro de la precisión tecnológica sigue orbitando a gran altitud,

con obras impecables... pero cada vez más lejanas del suelo que habitamos.

Que el oráculo del urbanismo fragmentado publicó un libro tan pesado como confuso, un ladrillo editorial de seis kilos, un manifiesto indigerible donde el caos se volvió culto, y del cual se sigue cargando en la academia las secuelas ~~de la atolondrada del guamazo físico.)~~ de los manifiestos que le siguieron en cascada como Gremlins de la arquitectura.

Que el niño prodigio del render feliz nos vende la ciudad como parque de diversiones ecológico, con soluciones en espiral, techos verdes y sonrisas en cada esquina, todo perfectamente empaquetado para su próxima serie documental. (que está buena)

Y que el poeta del gesto emocional nos llena de objetos inexplicables y fachadas sensibles,

tan memorables como imprácticas, tan mediáticas como huecas.

(Falsos ídolos de una religión que no debería tener feligrés alguno reverenciando formas vacías con fe ciega, como si la arquitectura fuera espectáculo...y no un acto de responsabilidad. Por eso ningún gobernante nos toma en serio.)

Ega Tireh no es un nombre. Es una duda colectiva. Una incomodidad diaria que se sienta con nosotros frente al plano. Una voz que se activa cuando, frente al éxito de los demás, no sentimos envidia sino sospecha.

Ega Tireh es la pregunta que atraviesa el silencio cómodo de la profesión:
¿Estamos diseñando para alguien... o para quedar bien en la junta del jueves...para la publicación?
¿Por qué celebramos tanto un render que nadie va a vivir?

¿Por qué seguimos aplaudiendo conferencias que no dicen nada, solo porque el ponente tiene acento extranjero?

¿Cuándo empezamos a llamar "concepto" a cualquier ocurrencia bien graficada?

Ega Tireh es la empresa que no se rinde a la fórmula.

No porque se crea mejor, sino porque se incomoda más.

Porque aún recuerda que el origen de esta profesión no fue un premio ni un nombre en una placa.
Fue una necesidad humana: habitar.

Y que todo lo demás - el ego, las revistas, los followers, el congreso - son solo ruido de fondo.

Ega Tireh es también cansancio. ~~un cansancio fértil.~~

De fingir entusiasmo por lo que no conmueve.

De hablar como académico sin decir nada.

De enseñar a estudiantes a complacer jurados y no a proponer algo que valga la pena.

De poner palabras como "sostenible", "inclusivo" y "resiliente" solo porque toca, aunque no lo sea.

Ega Tireh es una grieta por donde entre aire. Y si se cuela polvo también, mejor: así volvemos a ensuciarnos las manos.

Una señal de que algo aún late dentro de la arquitectura.

Algo que no se puede medir en hashtags, ni certificar con LEED, ni premiar en la Bienal.

Algo que se parece al **compromiso**...

O al amor...

O al **hartazgo de seguir fingiendo que somos arquitectos.**

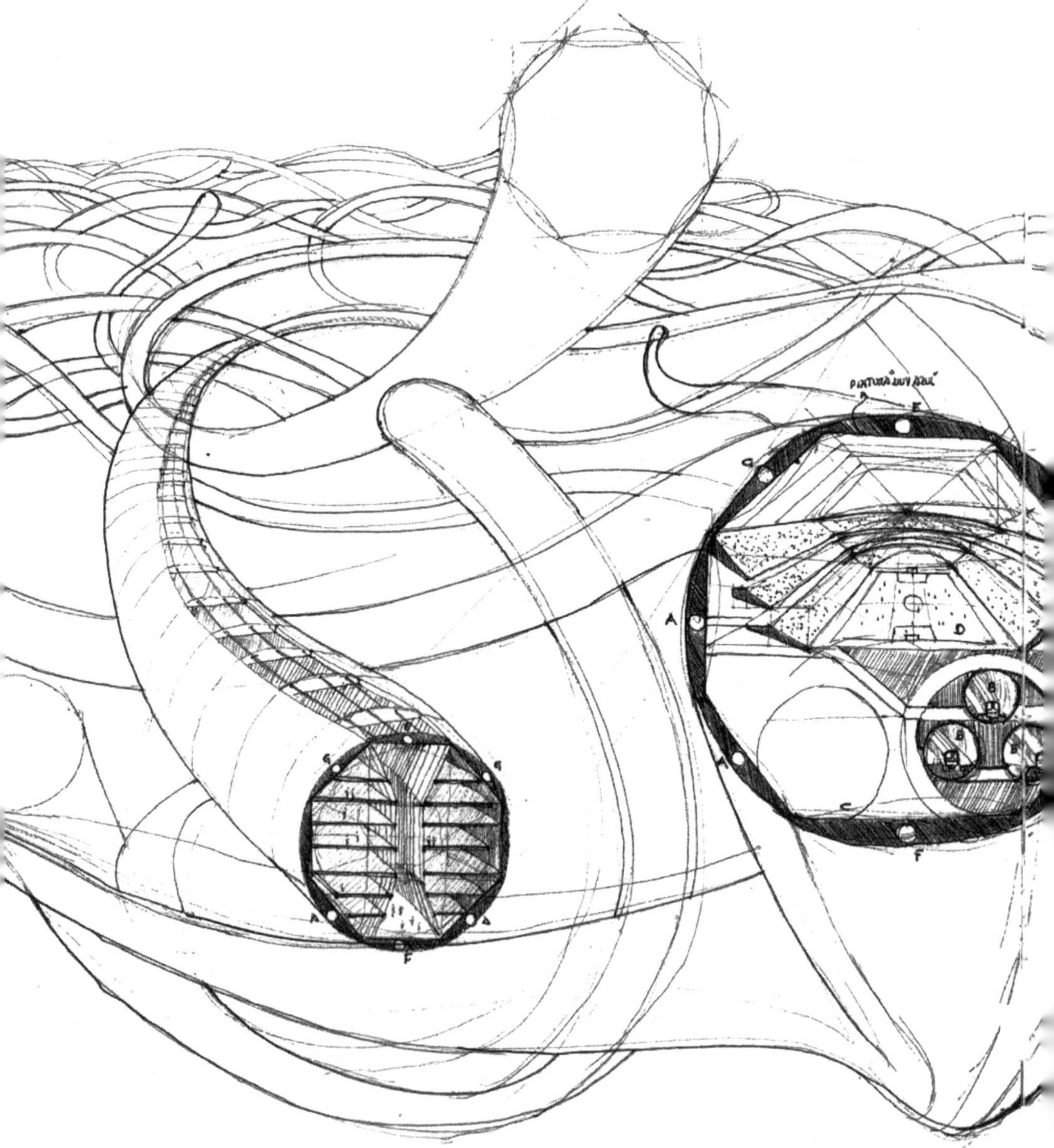

6. The Ruin of Commitment, Awards, Plaques, and Other Forms of Biodegradable Immortality
~~Flip-Flop Architecture: Immortality Rendered~~

Perspectives on the urban, the everyday, the aesthetics of disorder, and the value of context as a foundational component of architectural thought.

Everyday Beauty of DF

Life, Which Is But One

The Architect's Ego

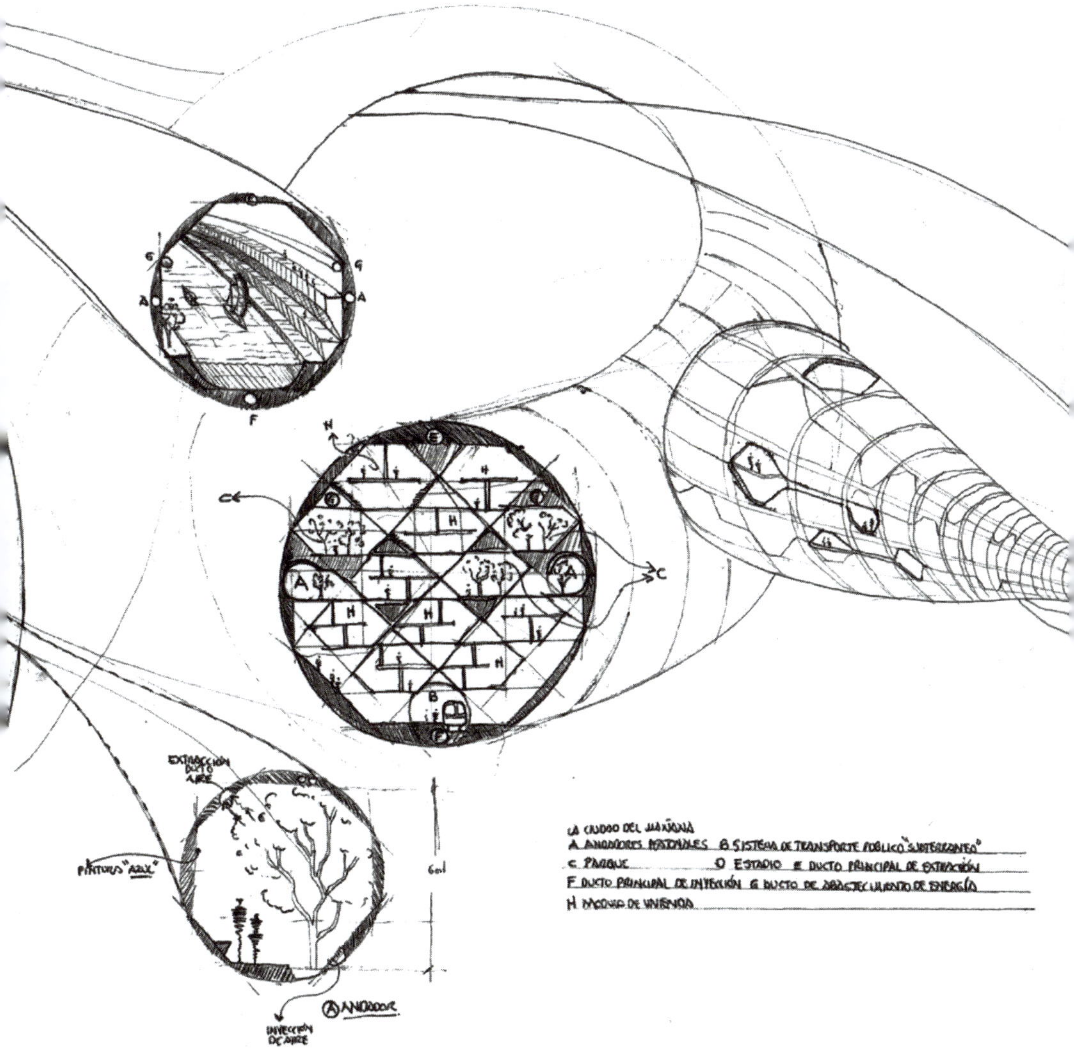

Everyday Beauty of DF

The city's paths aren't beautiful—they're mostly ugly. It's the force of habit that neutralizes them; they stop bothering you and slip into the subconscious. The city is more Frankensteinian than Barbienian (yes, like the doll), and that gives it strength—character. Its beauty lies in history and materiality, not in the aesthetic itself. That's the context in which most people's daily lives unfold. There are only a few zones that get labeled "bonitas." The rest fall into categories far removed from any notion of *bonito*. What a disgrace for the architect.

The profession is deeply indebted to the daily path. We pass through ugly places. It feels like we don't exist in most of the urban landscape. Here and there, a little "gem" tries to make up for the grotesque scenery—a decent distraction, at best. There are definitely better doctors than architects. Better cooks, too. *"In Mexico, you eat well everywhere—it's like Italy, even little holes-in-the-wall serve good food."* You hear that as often as, *"Qué bonito es México."*
(Usually with a foreign accent.) In *chilango*[1], you should hear it less—but you still hear it.

The resident of La Condesa feels differently. That crowd's in a world of their own. They understand "popular reality" differently. They don't own cars. They walk, or take Uber if it's not too far. Maybe as far as Las Lomas. Santa Fe and Interlomas? Already *the provinces*. Satélite, Linda Vista, and Coapa? Too far. The Bronx? Safer. They bike to Polanco. Their version of "rural escape" happens on the edges of Roma Norte. They curate a *bonita* reality for themselves. They work in Doctores—it's *Mexico's Chelsea*. They're the ones who say "qué bonito es México, y qué bien se come." They are the minority. The everyday Mexican is optimistic and from a good family—that helps tremendously in seeing ugliness with softer eyes. México no es bonito... pero tiene su encanto.

[1] *"Chilango": colloquial term for someone from Mexico City, often used self-referentially or with ironic tone.*

53 Memorial a las víctimas de Pasta de Conchos

In collaboration with Iñaki Echeverria

2024
27°57'19.8"N / 101°20'08.2"W
Coahuila, México

A memorial built in honor of the 65 miners who died in Pasta de Conchos. The project features solid rammed earth walls with colored strata, evoking the site's geology and mining legacy. Its linear, monumental layout engages with the landscape, creating a space for contemplation, respect, and historical justice.

Memorial construido en honor a los 65 mineros fallecidos en Pasta de Conchos. El proyecto se compone de robustos muros de tierra compactada con estratos de color, que evocan la geología del lugar y la memoria minera. Su disposición lineal y monumental dialoga con el paisaje, generando un espacio de contemplación, respeto y justicia histórica

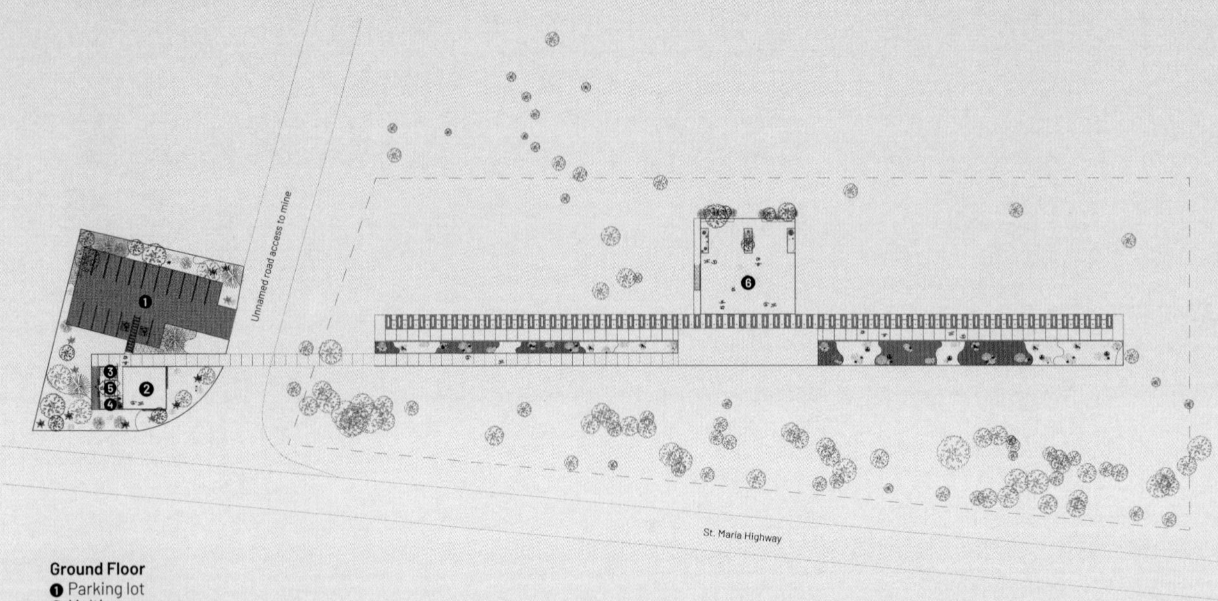

Ground Floor
1. Parking lot
2. Multipurpose area
3. Women's restrooms
4. Men's restrooms
5. Storage room
6. Esplanade

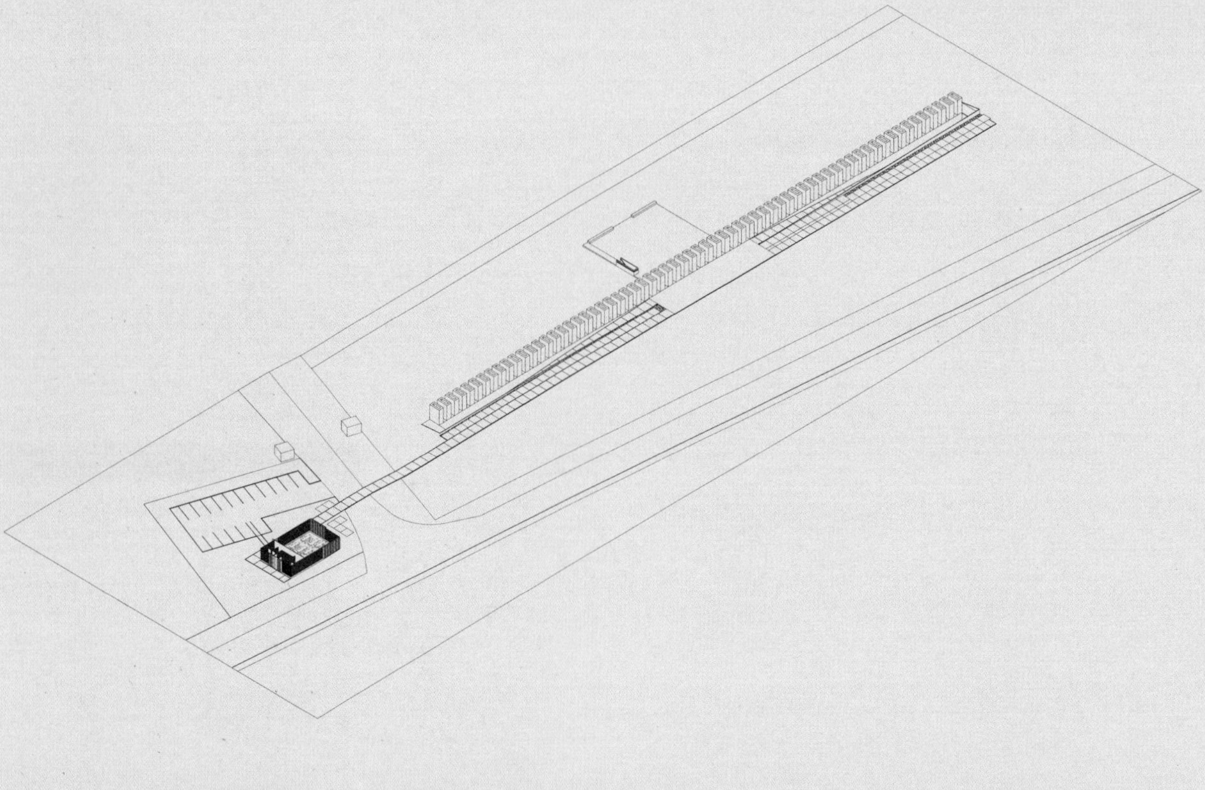

54 Casa Tlapexco

2024
19°22′27.8″N / 99°16′08.7″W
Mexico City, Mexico

A four-level residence that descends with the terrain, seamlessly integrating architecture and landscape. Its contemporary design uses chukum, wood, and black-framed windows to create refined, light-filled spaces. Expansive terraces, balconies, and large windows enhance the connection to the surrounding greenery, offering comfort and harmony with nature.

Residencia de cuatro niveles que desciende con el terreno, integrando arquitectura y paisaje. Su diseño contemporáneo emplea chukum, madera y cancelería negra, generando espacios sobrios y luminosos. Amplias terrazas, balcones y ventanales refuerzan la conexión con las áreas verdes, brindando confort y armonía con el entorno.

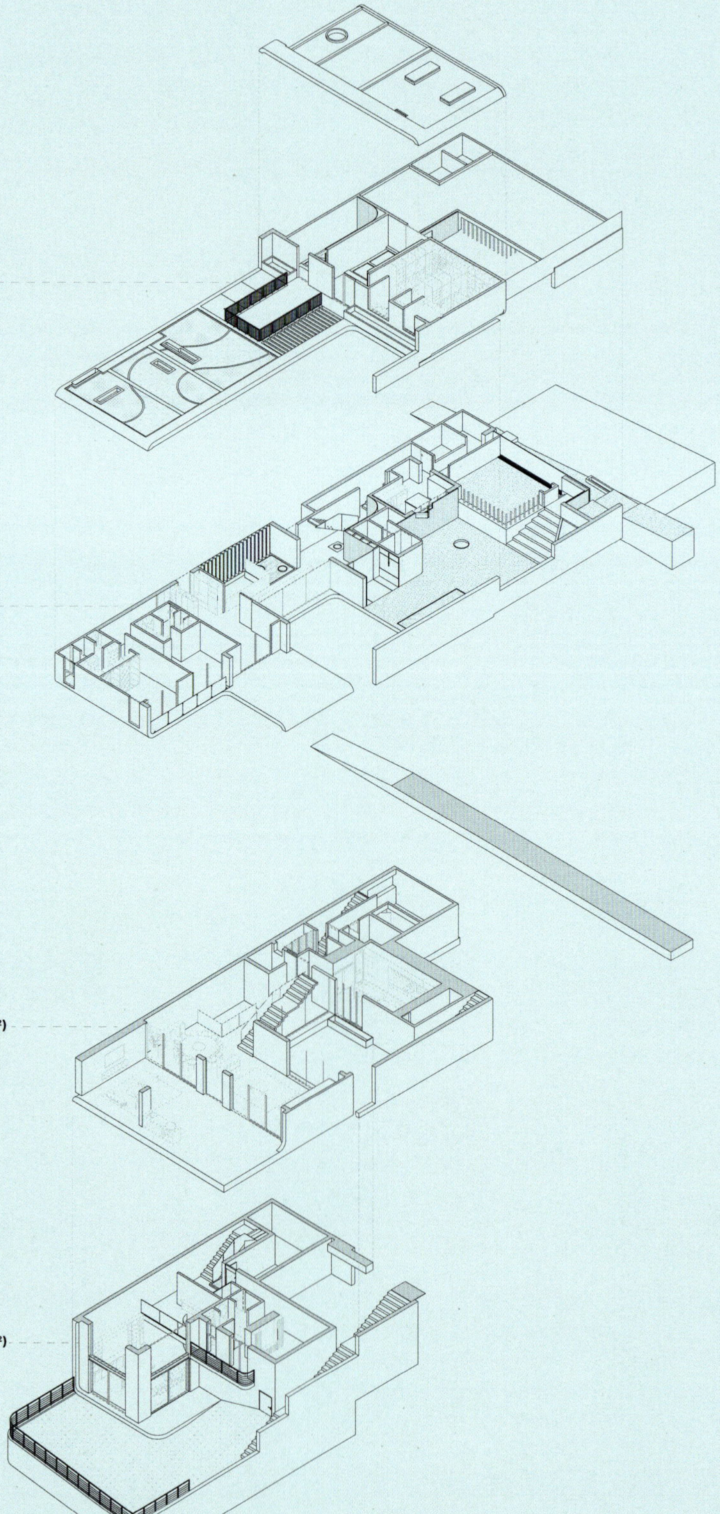

Level 1 (94.50 m^2)
Terrace
Master bedroom
Master wlaking closet
Master bathroom

Access Level (324.63 m^2)
Access
Garage
Terrace
Garbage room
Bakery room
Service bedroom
Service bathroom
Family room
Bedroom 1
Bathroom 1
Walking closer 1
Bedroom 2
Bathroom 2
Walking closet 2

Basement Level 1 (258.45 m^2)
Living room
Dining room
Bar
Terrace
Kitchen
Pantry
Toilet room
Laundry room
Service bedroom
Service bathroom
Machine room

Basement Level 2 (163.34 m^2) & 3 (82.22 m^2)
Garden
Sax room
Bathroom
Machine room (cistern)
Guest bedroom
Guest bathroom
Storage room

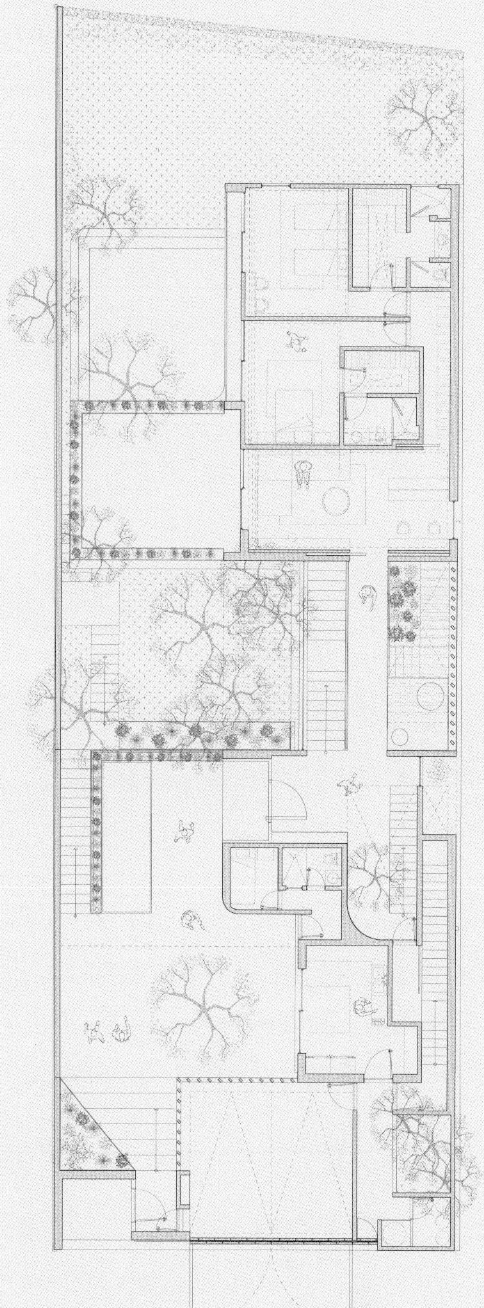

55 Lima Refuge

2024
12°02'35.3"S 77°01'51.9"W
Lima, Peru

An 83.78 m² single-family home with a curved, organic design that blends harmoniously with its surroundings. Conceived as an innovative project, its layout—living-dining area, private rooms, and social terrace—enhances spatial functionality and versatility, offering a unique living experience.

Vivienda unifamiliar de 83.78 m² con un diseño curvo y orgánico que se fusiona de manera armónica con su entorno. Concebido como un proyecto innovador, su distribución interior —sala-comedor, habitaciones privadas y terraza social— potencia la funcionalidad y versatilidad del espacio, ofreciendo una experiencia habitacional única

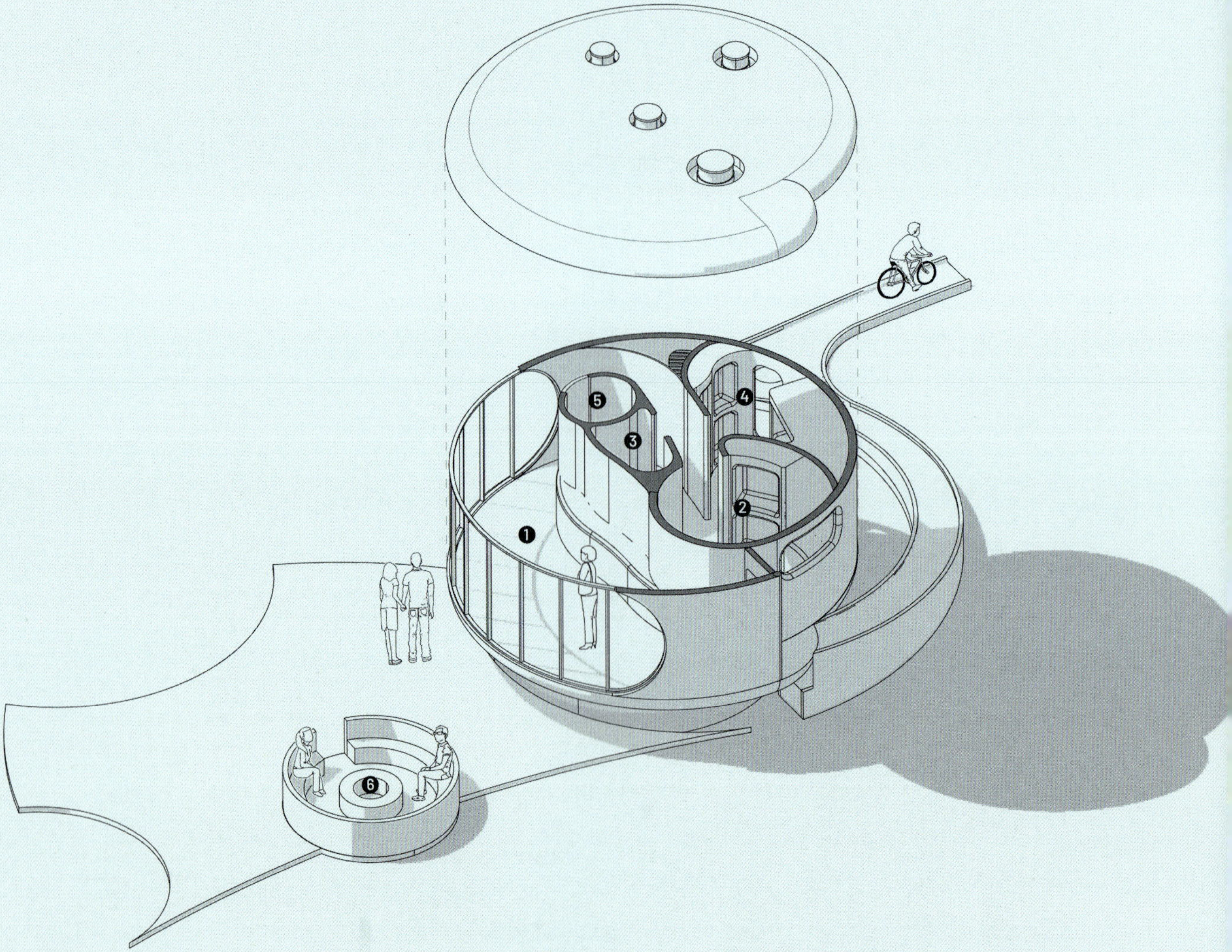

❶ Living room & kitchen
❷ Bedroom 1
❸ Bedroom 2
❹ Bathroom
❺ Shower
❻ Firepit

56 Nomad Interlomas

2024
19°24'01.4"N / 99°16'11.3"W
Mexico State, Mexico

Mixed-use project in Interlomas, State of Mexico, combining commercial areas with vertical housing. It offers 16 different apartment typologies ranging from 20 m² to 90 m², catering to a variety of urban lifestyles.

Proyecto de uso mixto en Interlomas, Estado de México, que combina áreas comerciales con vivienda vertical. Ofrece 16 tipologías distintas de departamentos que van de los 20 m² a los 90 m², adaptándose a diferentes estilos de vida urbanos.

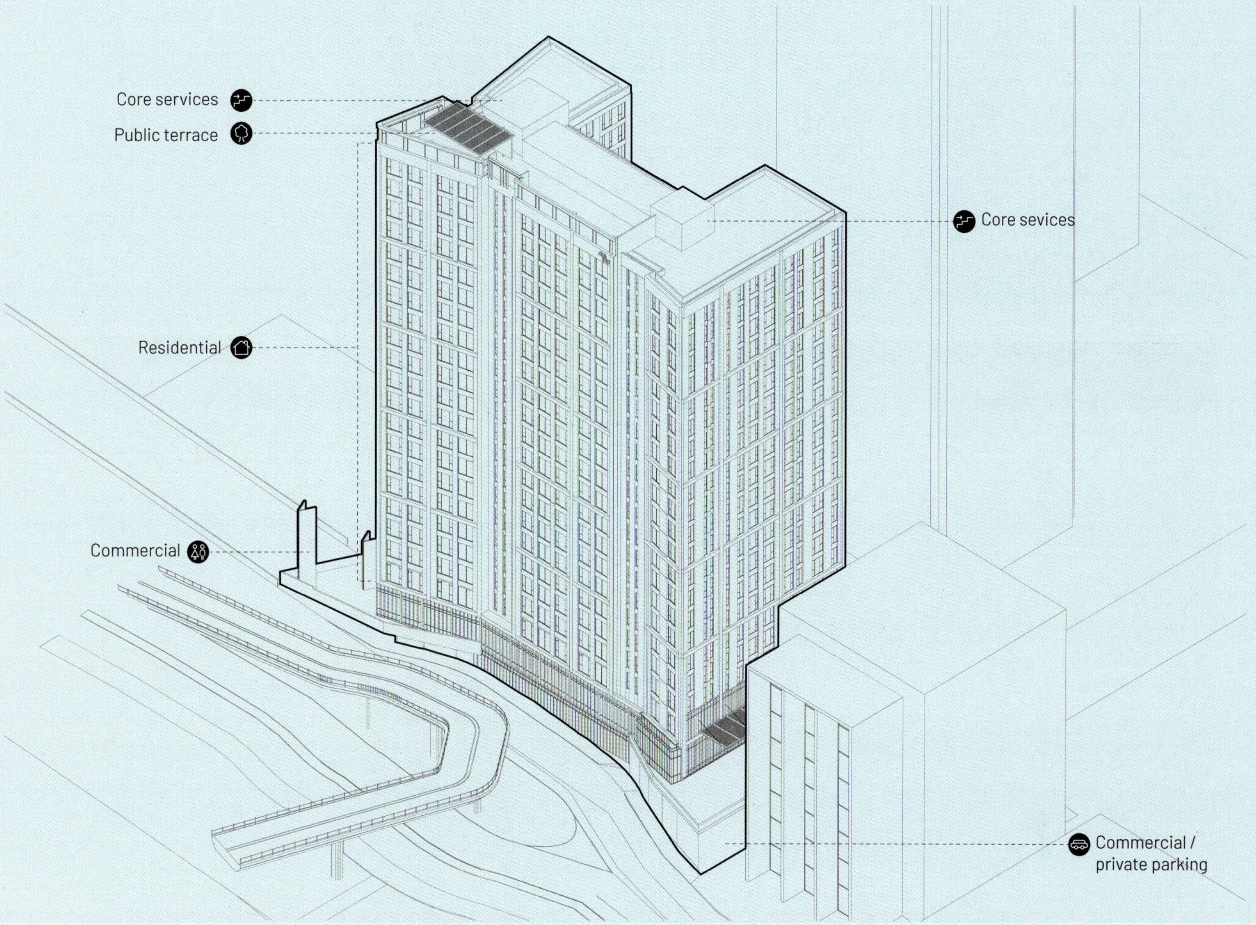
Core services
Public terrace
Core sevices
Residential
Commercial
Commercial /
private parking

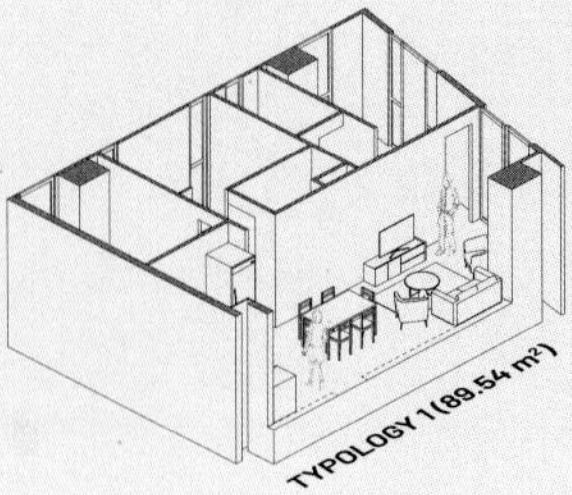

TYPOLOGY 1 (89.54 m²)

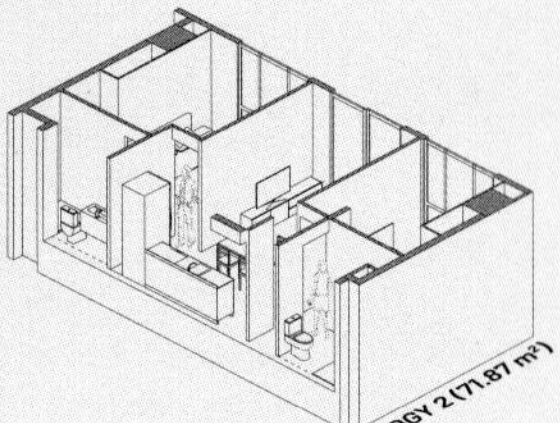

TYPOLOGY 2 (71.87 m²)

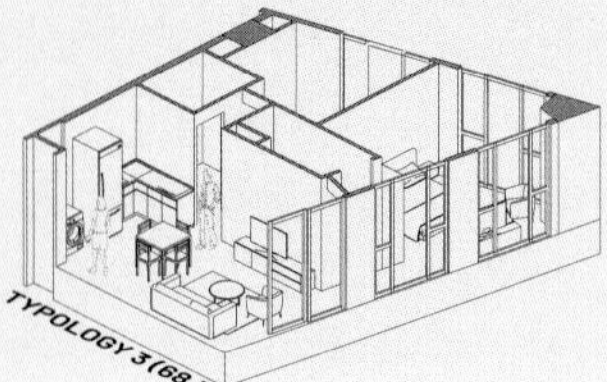

TYPOLOGY 3 (68.52 m²)

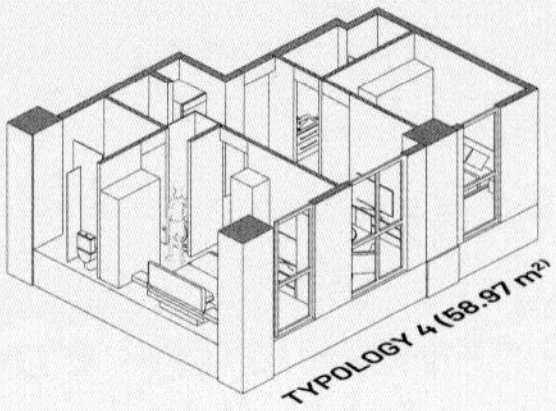

TYPOLOGY 4 (58.97 m²)

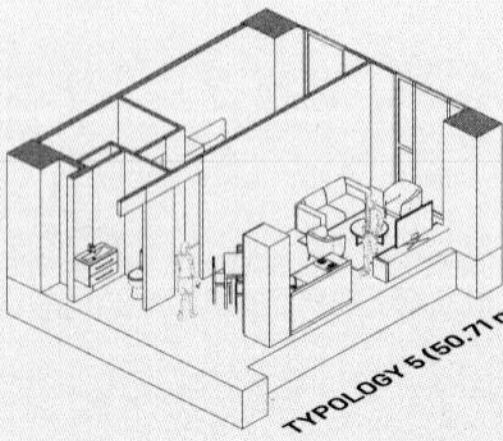

TYPOLOGY 5 (50.71 m²)

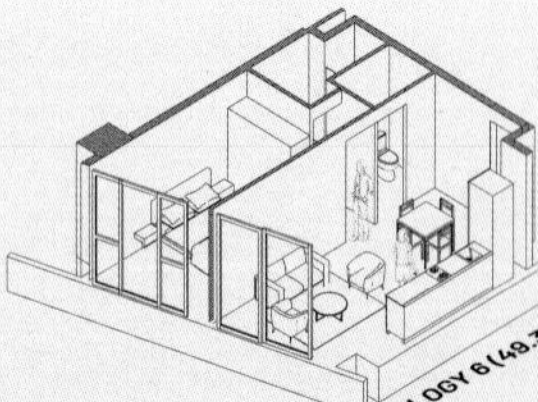

TYPOLOGY 6 (49.33 m²)

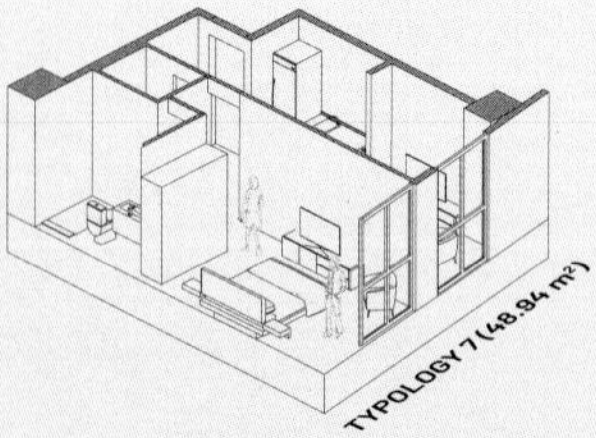

TYPOLOGY 7 (48.94 m²)

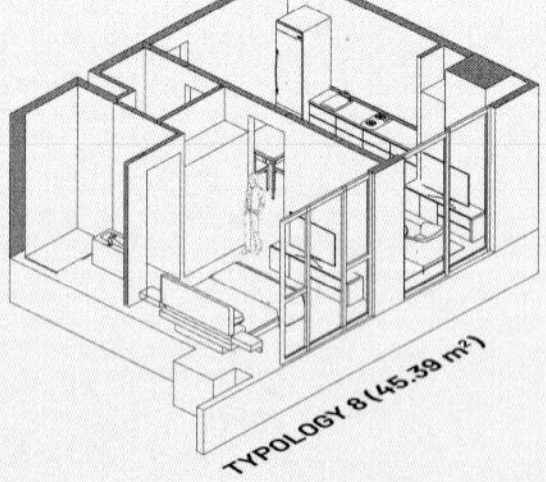

TYPOLOGY 8 (45.39 m²)

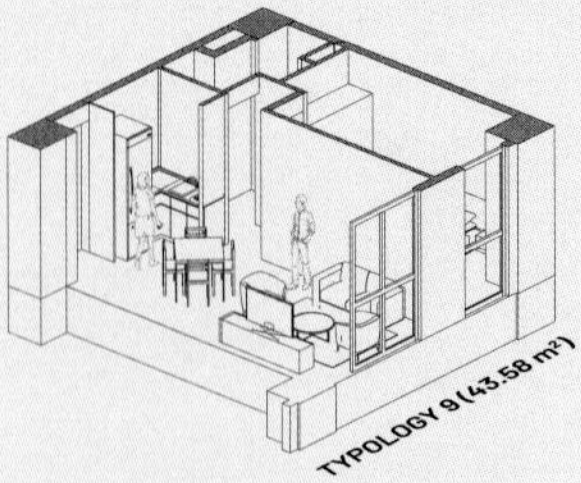

TYPOLOGY 9 (43.58 m²)

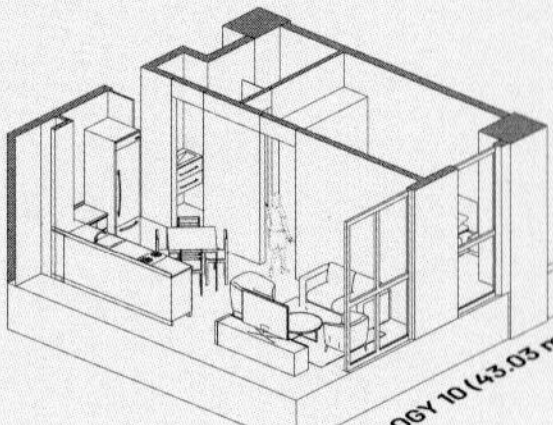

TYPOLOGY 10 (43.03 m²)

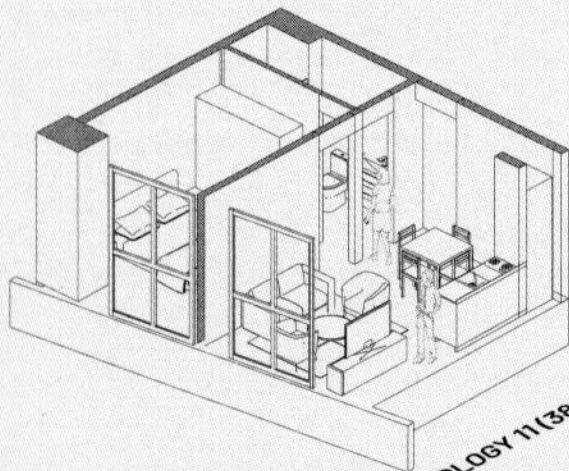

TYPOLOGY 11 (38.34 m²)

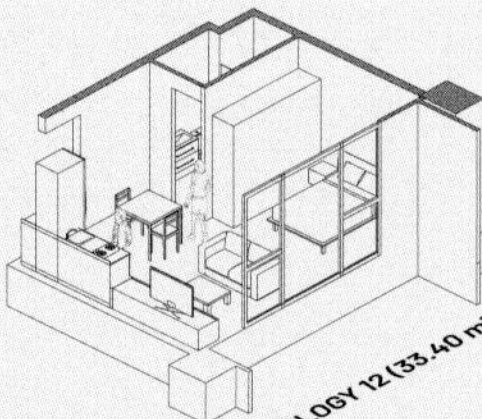

TYPOLOGY 12 (33.40 m²)

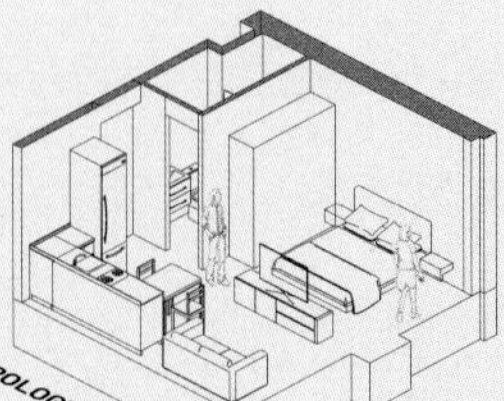

TYPOLOGY 13 (31.30 m²)

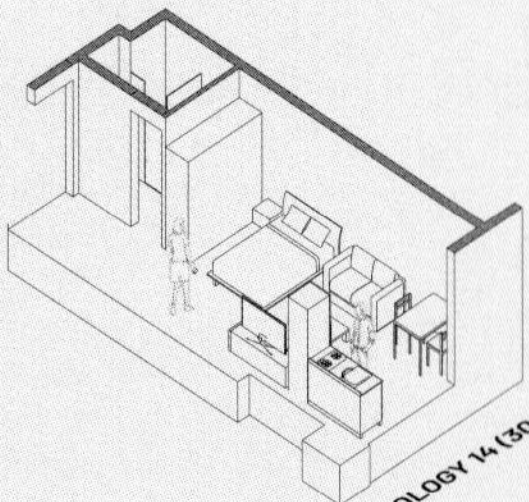

TYPOLOGY 14 (30.38 m²)

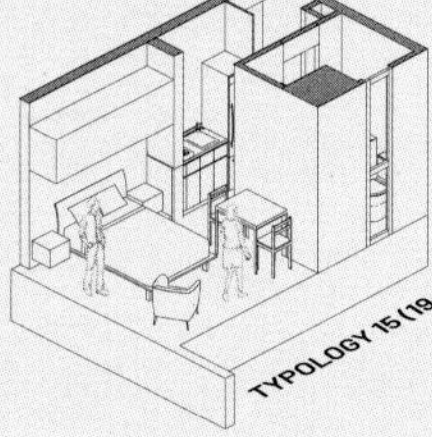

TYPOLOGY 15 (19.60 m²)

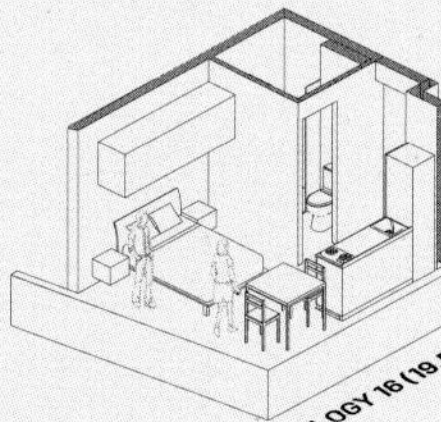

TYPOLOGY 16 (19.57 m²)

57 Santanera (Mezcalería Guadalajara)

2025
20°45'34.4"N / 103°37'58.8"W
Jalisco, México

In the Tequila Valley, Casa Santanera develops a distillery that merges technical precision with environmental sensitivity. The project leverages the topography to operate by gravity and incorporates solar, rainwater, and geothermal energy. Its architecture responds to the landscape with an essential, functional, and environmentally conscious aesthetic.

En el Valle de Tequila, Casa Santanera desarrolla una destilería que une precisión técnica y sensibilidad ambiental. El proyecto aprovecha la topografía para operar por gravedad, e integra energía solar, pluvial y geotérmica. La arquitectura responde al paisaje con una estética esencial, funcional y profundamente consciente del entorno.

58 Anáhuac Labs

2025
19°24′06.1″N / 99°15′49.5″W
Mexico State, Mexico

Anáhuac LABS is a technological innovation center that combines contemporary architecture, structural transparency, and collaborative spaces. Its open, functional design connects laboratories, robotics areas, study zones, and entrepreneurship hubs, fostering strong ties between academia and industry.

Anáhuac LABS es un centro de innovación tecnológica que integra arquitectura contemporánea, transparencia estructural y espacios colaborativos. Su diseño abierto y funcional conecta laboratorios, áreas de robótica, zonas de estudio y emprendimiento, fomentando el vínculo entre academia e industria.

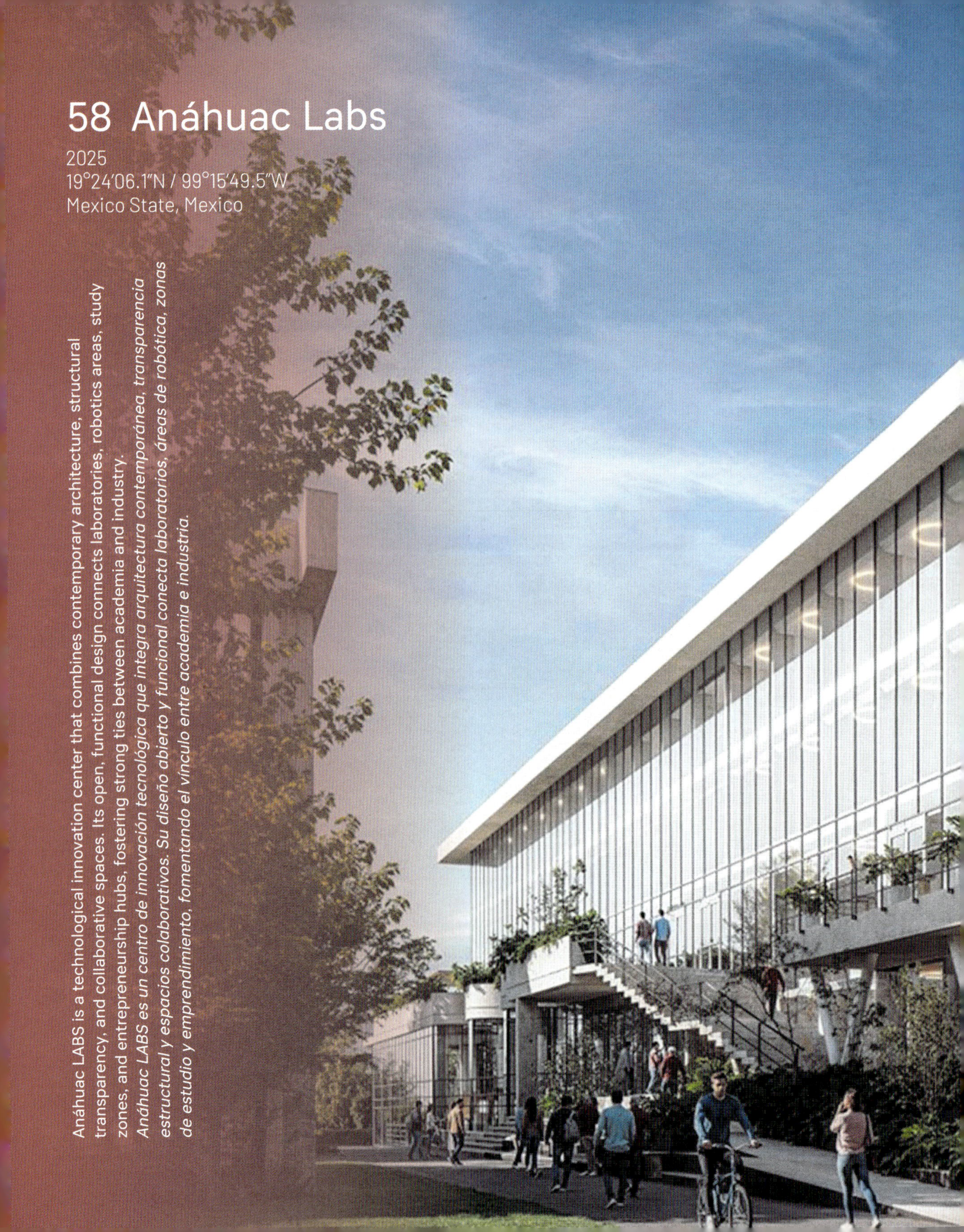

BROISSIN Architects

25 Years in Silver / *25 años en plata*

Published by
Actar Publishers, New York, Barcelona
www.actar.com

Authors
M.Arch, Gerardo Broissin Covarrubias
M.Arch, José Luis Alvarez Tinajero / node
Arch. Thelma Blake

Edited by
M.Arch, José Luis Alvarez Tinajero / node

Graphic Design
Actar D

Printing and binding
Arlequin SL

Distribution
Actar D, Inc. New York, Barcelona.

New York
440 Park Avenue South, 17th Floor
New York, NY 10016, USA
T+1 2129662207
salesnewyork@actar-d.com

Barcelona
Roca i Batlle 2-4
08023 Barcelona, Spain
T+34 933 282 183
eurosales@actar-d.com

Indexing
English ISBN: 978-1638401988
PCN: Library of Congress Control Number:
2025942636

Printed in Spain

Publication date: September 2025

Realities, Principles, Ironies, Sarcasms

1. We love heritage... as long as it doesn't get in the way.
It's admired with devotion, photographed by drones, quoted in lectures.
But the moment it demands structural respect or budgetary limits, it's declared "obsolete" and "reinterpreted" with black steel and tinted glass.

2. "Inspired by the context"... which we explored on Google Maps.
The urban context must be used as inspiration... as long as it doesn't block the construction of that white concrete prism everyone loves on magazine covers.
Because yes, local identity is valuable... only if it fits within 1,200 Instagram characters.

3. The architect no longer builds: now they curate.
Designing is passé. The real elegance lies in selecting references, leading collectives, collaborating endlessly—then posing beside the scale model with full conviction, as if clearly aware of what was actually done.
The true architect doesn't lay bricks. They lay hashtags and publish their work.

4. We won a competition once. They never built it.
But wow, it looks great online.
Competitions aren't won—they're edited.
Real talent lies not in the project, but in crafting the perfect PDF:
no typos, emotional storytelling, Nordic-style model photos, and a green justification—
even if the site is a literal wetland.

5. Architecture must be photogenic.
If the work doesn't provoke tears, selfies, or a feature on ArchDaily or Arquine, something's off.
Rethink everything.
Does it function well? Respect users? Address climate concerns?
That's cute. But without visual drama, it's no longer architecture.

6. The render *is* the building. Everything else is just... architecture.
Representation outshines reality.
Everything must glow like a Tuesday sunset on Mars.
The trees must be perfectly trimmed. The users always smiling.
And if the actual building doesn't feel like the image?
Well—there'll be a better render next time anyway.

“Our project proposes a discourse...” = *Blah blah blah* —(This one they really believe.)

But listen, my dear *Arqui*: That project isn’t even yours. It doesn’t “propose” anything. The project belongs to the client, it answers a commission, and the building, let me inform you, has no will of its own. What it *does* have is a budget, regulations, deadlines, and a long line of engineers who are going to tweak your little eccentricities. Insisting it “proposes a discourse” is absurd. Architecture responds to *concrete needs*. It reflects society and its time—not the other way around. The other day, I heard a plumber claim that the layout of his pipes “reflects on the contemporary flows of liquid dwelling.” Please. Architecture doesn’t need to masquerade as a literary essay to justify its existence. —The ego is so inflated that we enter competitions just to win, offering our ideas in exchange for recognition. We are the easiest prey to catch.We spend money to win. The long-shot lottery might be a better bet—but it doesn’t feed the ego if we happen to win it. So we keep investing in our egos, while devaluing, more and more, the true worth of architectural ideas.

That’s why the so-called “big names” give such empty presentations at conferences: they’re burnt out. What they share is no longer architecture—it’s *themselves*, with architecture as an excuse. And honestly, I get it. Otherwise, how could they bear the professional humiliation of working for free, just to have a project in their studio? (We’ve done it too.At least I’m aware of it, though I know that’s a useless consolation. I’ve realized it... or so I want to believe. Irony, of course. Maybe some architect reading this actually believed me.)

The Architect's Ego

A Pritzker Prize winner once said—right in the middle of an architecture congress that was anything but a congress (just a series of dull talks by people whose fame rests more on the aesthetic impact of their buildings than any real intellectual content)—he said,"...so we make this strong statement..." with a strong emphasis on we, while the slide behind him showed a massive 1960s building and read: "Never demolish, always reuse, transform." And something else I couldn't even process.

The conviction in his voice, the way he delivered it as if it were some divine revelation, was pathetic. Obviously, the building wasn't demolished because the client didn't want it demolished—or it was just too expensive to tear down—not because of some deep sustainability study, which was "supported" by a couple of shallow stats pulled off the Internet and over-massaged by two competent interns. But of course, it was presented as the act of an all-powerful architect who saved the world from an ecological disaster.

It's not about architectural reuse—it's the infamous reuse of egocentric phrases dressed up as solidarity, responsibility, and reason. Always speaking in first-person plural, pretending there's a team behind it:

"What the Arqui says..." = What I think or feel

"We believe that..." = I'm doing whatever I want

"We like to understand..." = I went on a little mental trip and made up a theory to justify it
—Ignorance over knowledge.

"We centered the studio's discussion on..." = I told my 10 interns what we were going to do
—Fake democracy.

"We observed the site, the community, and as a result we..." = In reality, I did what I wanted, what I liked, and what benefited me the most.

Life—The Only One We Have

Architecture is for a single life—not its own, but for the one who lives or dies within it.
It all depends on the architect who designed it.

For architecture, more lives may come—but only if it gathers the vital elements to endure through time: economic viability (social and market), usefulness, and solidity.
Otherwise, it dies. Beauty will never be enough.

How fragile and alike we are. Architecture breaks, and so do we.
Architecture closes in on itself, and so do we.
A façade may be ugly or bonita, but inside, it either serves or it dies... just like us.

Humans search for worth in *having*, not in *being*. So, "good" architecture today is measured by: a good author, a good critic, and a good photographer. Is that what we've reduced architecture to? No! "Value for what it has been," they'll say. But what has it been if not just a sum of photos, visits, and citations?

Anonymous architecture is rescued by a critic only to have its dignity stripped. We're atrocious. We undress it—and it stops being architecture. We try to answer the most common question to assign it some value: "Whose is it?" It feels awful to be on the street, outside Barragán's house. Inside, it's a museum. How bonita the arrival feels at Edith's Farnsworth House—but how irredeemably uncomfortable it is to live in it! Maybe good for one meal.
Today, it too is a museum.

It feels so good to arrive at the street where your home is.
Inside, it usually feels good too. Bonita or ugly—who cares? What's truly bonita is the people you share it with. Life is that—and there's only one. What a waste it would be to spend it patting ourselves on the back for our architecture.

7. Publishing is more important than inhabiting.
We design for the 3/4 angle. Bird's-eye view.
No one lives there.
But the jury said it was "poetic." And that's already a kind of habitability.

8. Social architecture is our favorite moment... on the résumé.
We built a school in a rural community once.
We love participatory processes... as long as they don't take too long.
It was about the experience.
We brought a drone, three photographers, and gave a TED Talk when we came back.
We never returned—but it looked stunning in black and white.

9. Sustainability is the new marble.
It doesn't matter if it pollutes, displaces communities, or requires ten tons of imported materials flown across the ocean:
what matters is that it's "green," "conscious," "LEED-ready."
Slogans save more buildings than calculations ever will.

10. We design from emotion... but charge as if we had none.
The client got emotional. So did we.
Then they didn't want to pay.
But it's okay—there was passion.
Passion doesn't cover payroll, but it does warm the soul.

Epilog (unnecessary)
Architecture is no longer inhabited.
It is exhibited. Tagged. Printed.
Celebrated among peers, explained in words no one understands,
and forgotten the moment the Biennale ends.

But that doesn't matter. THE architect was, is, and always will be the center.
Until one day... they're not.

(Before that day comes, ACTAR—please, just ctrl+print this *librito*.)

Heritage Modernism, The Journey of Ega Tireh: An Architectural Novel

The architects who still ask.
The ones who aren't sure whether we're still building spaces to live in,
or just feeding an algorithm to die by.
The ones who suspect that the starchitects and the great canons no longer bear the weight of the contemporary world.

That Vitruvius no longer suffices, that Le Corbusier—the prophet of concrete—did leave us his thick-rimmed glasses, but no longer watches us from above; now he's trapped in a recycled magazine in the lobby of an empty architecture school.

That the queen of impossible curves has become a stage requirement.

That the knight and master of technological precision still orbits at high altitude,
his works immaculate... but ever further from the ground we actually inhabit.

That the oracle of fragmented urbanism released a book as heavy as it is cryptic, a six-kilo editorial brick—an indigestible manifesto where chaos became cult— and the academy still suffers from the concussion of that physical blow, followed by a cascade of manifestos like architectural Gremlins.

That the prodigy child of the happy render sells us the city as an eco-themed amusement park—spiral solutions, green roofs, smiles on every corner—all perfectly packaged for his next docuseries. (Which is actually quite good.)

And that the poet of emotional gestures fills our world with inexplicable objects and sensitive façades, as memorable as they are impractical, as media-savvy as they are hollow.

False idols of a religion that should have no believers. Revering empty forms with blind faith—as if architecture were spectacle, and not a profound act of responsibility. That's why no government takes us seriously.

Ega Tireh is not a name. It's a collective doubt. A daily discomfort that sits beside us at the drafting table. A voice that wakes when, in the face of someone else's success, we don't feel envy—but suspicion.

Ega Tireh is the question that cuts through the profession's comfortable silence: Are we designing for someone... or just trying to look good at Thursday's meeting... for the publication? Why do we celebrate a render no one will ever live in?

Why do we keep applauding lectures that say nothing, just because the speaker has a foreign accent? When did we start calling any well-illustrated whim a "concept"?

Ega Tireh is the practice that refuses the formula.

Not because it thinks it's better, but because it is more uncomfortable.

Because it still remembers that this profession didn't begin with awards or nameplates—but with a human need: to dwell.

And that everything else—the ego, the magazines, the followers, the conference— is just background noise.

Ega Tireh is also exhaustion. A fertile kind of exhaustion.

Tired of pretending enthusiasm for things that don't move us.

Tired of speaking like academics while saying nothing.

Tired of teaching students how to please juries, instead of proposing something worthwhile.

Tired of writing words like "sustainable," "inclusive," and "resilient" just because we're supposed to— even when they're not.

Ega Tireh is a crack where air gets in. And if dust seeps in too, even better— that way, we get our hands dirty again.

A sign that something still beats within architecture.

Something that can't be measured in hashtags, or certified with LEED, or awarded at the Biennale.

Something that feels like commitment...

Or love...

Or the sheer exhaustion of pretending we're still architects.

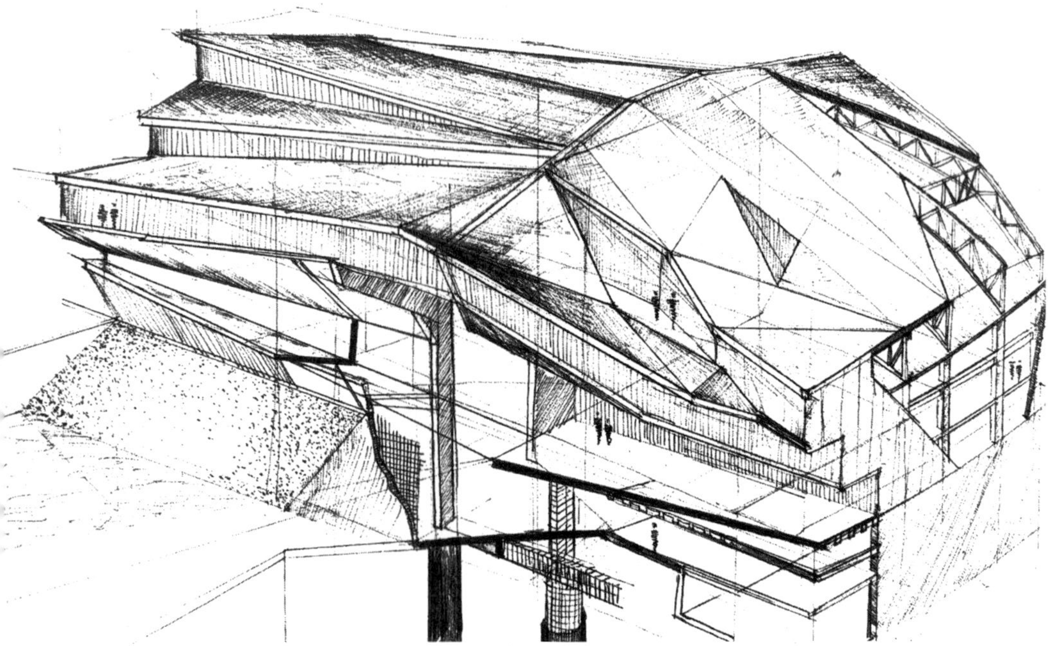

5. Sin función, sin gente, sin culpa

Ensayos que exploran los componentes esenciales del espacio construido, sus límites, geometrías, transiciones, y experiencias sensoriales.

La ventana

La ventana tiene que ser libre. Antes que todo, es eso: libertad.

Tiene tres hijas: la ventilación, la iluminación y la vista, y casi siempre un esposo: el muro (o una esposa: la pared). Necesita un perímetro que la contenga, porque sin él, deja de ser ventana y se pierde. Y sin embargo, se le exige lo imposible: ligereza y solidez, transparencia y privacidad, apertura y seguridad. Todo. Al mismo tiempo.

Es empática por naturaleza: dialoga con el clima sin permitir que éste invada lo interior.

Clínicamente térmica.

Si afuera hace frío, ella debe conservar el calor.

Si afuera arde, ella debe volverse hielo.

Clínicamente acústica

Y del ruido, ni se diga.

Lo escucha todo, pero jamás debe contarlo.

Debe ser total silencio.

Dejar escapar una lágrima; una gota de condensación, una filtración cualquiera: es pecado capital, se le culpa de inmediato. Nunca al muro. Nunca a la junta mal sellada.

La ventana es siempre la culpable.

Y, por supuesto, la primera en ser reemplazada, sellada o ignorada.

No debe tener voz. Si la tiene, molesta.

Se le engrasa, se le aprieta un tornillo suelto, o simplemente se le cambia por otra.

De esas ventanas quedan pocas. Eran del siglo pasado.

Ahora las hay de vanguardia: no necesitan muro. Lo han eliminado.

Y ocupan todo el espacio, triunfantes. Se ve todo y dicen todo, el sonido ahora pasa de un piso a otro con fuerza, nada de que no se oiga su voz.

El muro no dijo nada. No demandó su lugar. Calló. Como siempre.

Pero dentro, dentro de sí, la ventana es una maquinaria de complejidad y precisión.

Es una herramienta. Un artefacto. Un borde vivo entre el adentro y el afuera.

Y, aun así, le siguen pidiendo que no se note…

La esquina

Nacer, salir del único mundo conocido, el vientre materno. El primer trauma del ser. El descubrimiento obligado de un nuevo mundo, el recién nacido llora, por razones biológico-anatómicas, aun así llora. Su espacio ha sido arrebatado, la suavidad, las paredes cóncavas que abrazan son reemplazadas de golpe por contenedores cúbicos, los tenues limites se doblegan ante enormes paredes brillantes, el blanco es sepulcral. La oscuridad cede a la luz que es lastimera, imponente. La esquina nace en la inconciencia, no se ve, pero ya se oye como el rugir del lobo en la llanura, habrá que lidiar con ella tarde que temprano. ¡Que es una esquina! Es la esquina la razón que soporta toda geometría, son las aristas, lo más filoso de la forma, no es coincidencia el filo, son nacidas para separar, direccionar, cortar y dividir, en la esquina por fuera damos la vuelta y seguimos, por dentro quedamos atrapados. Todo es esquinado, su disfraz es el redondeado, se redondean, pero ahí siguen disfrazadas. El ojo no se da cuenta que no ve lo que no quiere ver. La circunferencia esconde al menos 360 esquinas, las 6 de un cubo son más honestas. Romper con la esquina constituye una atrocidad formal. El espacio contenido carente de esquinas se desparrama. Su existencia nace o termina necesariamente en alguna esquina.

El pasillo da miedo

Caminar, cambiar de ubicación con o sin rumbo. Casi nada causa más incertidumbre en la vida que dar el siguiente paso. Avanzar es el desafío por excelencia en la búsqueda de propósito; no es solo un movimiento hacia adelante, es un ejercicio de autoconstrucción. Necesita guía. El pasillo guía y ordena desde el inicio: el bebé gatea y se sale al pasillo, el adolescente habla con su enamorado en el pasillo, el adulto… al adulto no le gusta el pasillo, el anciano hace ejercicio en el pasillo. El pasillo contiene emociones y las encierra en cuartos que, a su vez, lo encierran, lo hacen pasillo.

El pasillo no es por sí mismo, el pasillo existe porque algo lo contiene. No es el pasillo el contenedor; hay que formarlo, darle propósito. Avanzar en la vida está atado al cumplimiento de roles sociales específicos, como el matrimonio, la paternidad y el trabajo. Eres algo y avanzas, y al mismo tiempo dejas de ser otra cosa: eres un adulto y dejaste de ser un niño. Eres casado y dejas de ser soltero. Eres director y dejas de ser gerente. Hay que dejar de ser para poder ser. Así, en el pasillo, para salir hay que dejar la entrada y pasar a la salida, aun cuando sea la misma. Buscas entrar para salir de él. El pasillo no es cómodo. Te encuentras a alguien en el parque y es lindo; en el pasillo es incómodo. No esperas el encuentro en el pasillo; el pasillo es un conducto del que quieres salir, no estar. "Te espero en el pasillo", y por eso me apuro; por el pasillo, no por ti que esperas en él. Ese espacio angustia; si es muy largo, peor, y sin luz natural, da miedo. ¿Por qué hacemos pasillos?

El pasillo es inclemente con el ansioso. ¿Por dónde caminas en el pasillo? Del lado contrario a donde hay más puertas; si hay de los dos lados, al centro, lo más rápido posible y mirando el piso. El pasillo en la escuela es diferente: cuando llegas es tu peor amigo, cuando sales es la ruta a la felicidad, y en los cambios de clase, por única vez, el pasillo se vuelve un lugar de encuentro natural con los amigos. Si el pasillo está mal hecho, confunde, traiciona su única función: ordenar.

Los papás del pasillo: el vestíbulo, el lobby. Si estás en uno, muy seguramente tu siguiente paso será a un pasillo. El pasillo no debería existir sin padres. Es una atrocidad dejarlo desde el nacimiento en pura orfandad.

El escalón

"Sube para alcanzar el éxito", dicen. La escalera es la analogía más utilizada, siempre subiendo paso a paso. ¿Bajando, entonces, no hay éxito? La escalera hacia abajo conduce a la vida, al contacto con el mundo; yendo hacia arriba, solo hay aire. ¿De qué sirve subir? ¿Qué conquistas desde arriba? ¿Subes o bajas el escalón? Hay escaleras que suben y otras que bajan. En la existencia material, es la misma. Conecta, eficientiza la huella del edificio. Permite enlazar programas uno sobre otro. ¿Qué tan alto? Cinco pisos. Seis compromete la condición fisiológica y psicológica del individuo en la cotidianidad. Después de cinco: elevador. (Otra historia que deshumaniza al edificio)

El escalón solo donde debe ir y la escalera donde se necesite. Qué importante el escalón como elemento aislado, qué importante en conjunto: la escalera. El escalón está en desuso. Es excluyente, y hoy hay que ser lo contrario. Se percibe agresivo; su importancia como actor fundamental en el cambio de espacialidad es ahora más irrelevante. Prevalece antes la accesibilidad. La rampa es tan vistosa como larga demanda ser. La escalera comprime esa necesidad de longitud y área. “El espacio que se abra al exterior, que sea uno solo, sin escalón”. Aun cuando el riesgo de inundación aumente. No nos gusta el escalón; se necesita, pero es preferible soportar el dolor de cabeza que tomar la aspirina.

la serie geométrica que demanda más precisión. Si te equivocas con la escalera, condenas la comodidad. Escalones en rebanada de pizza, en exceso, hacen daño; muy pequeños no saben, tienen que ser grandes para saborearlos. Nunca muchos. En forma de lasaña, son más fáciles de acomodar, pocas complicaciones geométricas, en serie lineal, en herradura o en "L". Las vueltas ocupan mucho espacio. Se necesitan.

La colindancia y el emplazamiento

El límite de lo que pertenece se impone, visible o invisible, en el sitio. En el dibujo debe ser siempre lo evidente; de lo contrario, se sufre su ignorancia en el contexto físico. Son líneas heredadas con más tiempo qué sentido, apretando lo que no cabe o, en su defecto, tentando a los excesos dimensionales. La proporción es el equilibrio; no es la forma, es la proporción orientada a la acción del usuario lo que da sentido. Una desproporción espacial que desconoce arbitrariamente los límites y los usos causa, silenciosa y poco perceptible, incomodidad y abona al estrés del habitante. "Me siento bien en este espacio" o "me siento raro", ¡es proporción! Falta de luz, desproporción en el equilibrio de luz artificial y natural. Huele a encierro; la proporción de los vanos ventilables fue comida por el macizo. Los objetos que ocupan el espacio señalan con obviedad una mala proporción.

A la izquierda, a la derecha, atrás o adelante. El "dónde" es tan importante como el "cómo". La jarra de agua en la mesa va en el centro o al lado de quien toma más agua. No va por capricho; se somete a lo práctico y al servicio de la sed. El volumen es más delicado: además de saciar la sed, se tiene que sentir bien, no solo verse bien. Esto es consecuencia de lo primero y se debe alinear en su justo lugar en la fila.

La emboscada cotidiana

Sol y sombra. El primero da intensidad a lo segundo, la sombra quita la máscara al volumen, el sol lo maquilla. El sol gusta, es bonito ver su luz, verlo a él lastima; sentirlo un rato, mucho tiempo quema. Duele mucho. A la cosa arquitectónica igual ~~le quema.~~ le da quemazón. Si tiene considerable sol la habitabilidad del espacio se complica. Se necesita sombra y se ponen cortinas...que feas son.(a veces) Velos de aflicción para el sol, lo quieren apagar. Son lentes oscuros que ayudan al ojo, pero ya no se siente igual. En ocasiones se ven bien a veces fatal, hay que escogerlos bien según la forma de la cara, al espacio no le queda cualquier cortina, hay que saber elegir. Al arquitecto de pasarela no le gustan las cortinas, al parecer deshonran su obra. Orientación y arquitecturas astutas mitigan bastante bien el asunto de lo solar. A mucha sombra nace el frío perpetuo en el espacio, la arquitectura se enfría y ya no se anima, El espacio sobrevive de la luz y la sombra, solo sombra: es todo penumbra. Solo sol: es brutal. La superficie reclama centelleos que rasguñen a ratos sus texturas, al otro rato solas se curan con el camino de la luz. Son mutaciones que importan, dan vida al espacio.

En la noche la luna hace sombras y da luz, aunque es insuficiente para activar al espacio habitable, es desacreditada desde la academia, hay clases de asolamiento, no de alunamiento. Sin embargo, qué bonito sería asimilar su potencia en el espacio.

Cada amanecida la arquitectura es pescada por la emboscada cotidiana cuando nace el sol, no hay escape, tiene que afrontarlo a diario. (ya se sabe, pero se olvida a menudo) Al caer la tarde la arquitectura se entrega a la sombra, descansa, aunque nunca duerme, necesita de vez en cuando esconderse.

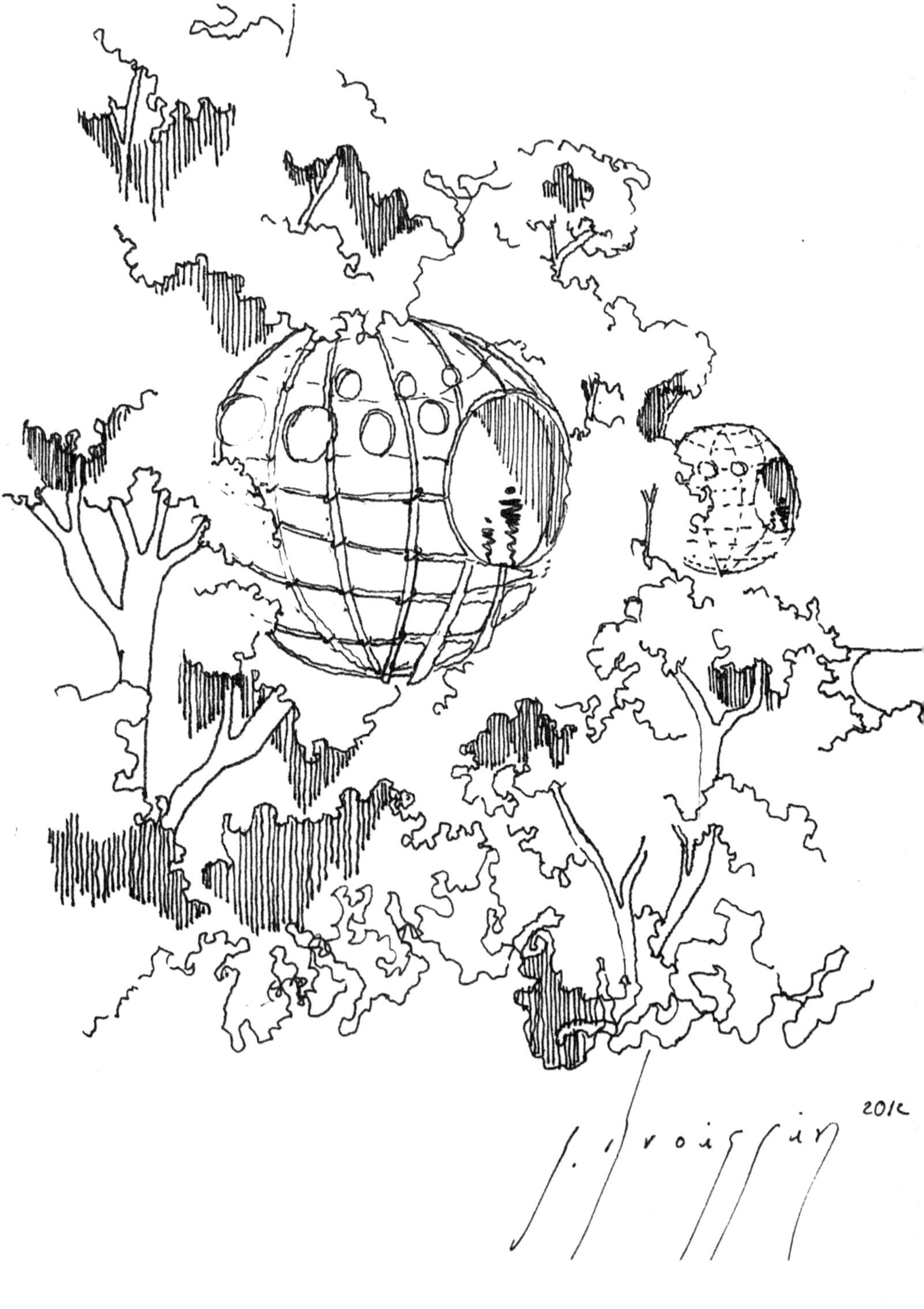

5. No Function, No People, No Guilt

Essays exploring the essential components of built space—its boundaries, geometries, transitions, and sensory experiences.

The Window

The window must be free. Before anything else, that's what it is: freedom.

It has three daughters: ventilation, light, and view, and almost always a husband: the wall (or a wife: la pared[1]). It needs a perimeter to contain it—because without one, it ceases to be a window and becomes lost. And yet, the impossible is demanded of it: lightness and solidity, transparency and privacy, openness and security.

All. At once. It's empathetic by nature: it converses with the weather without letting it invade the interior. Clinically thermal. If it's cold outside, it must hold warmth. If it burns outside, it must turn to ice. Clinically acoustic. And as for noise—don't even start. It hears everything but must never repeat a word. It must be total silence.

If a tear escapes—a drop of condensation, a slight leak—it's a mortal sin. She's blamed immediately. Never the wall. Never the poorly sealed joint. The window is always at fault.
And of course, she's the first to be replaced, sealed off, or ignored. She must have no voice. If she has one, it bothers. She gets oiled, a screw tightened, or is simply swapped for another.
Few windows like that are left. They belonged to the last century.

Now there are avant-garde ones: they don't need walls. They've erased them. And they take up all the space—triumphant. Everything is visible, everything is said, sound travels floor to floor with force. No more silence. The wall said nothing. Didn't demand its place. Stayed quiet. As always.
But inside, deep inside, the window is a machine of complexity and precision. It is a tool. An artifact. A living edge between the inside and the outside. And still—they keep asking it not to be noticed...

[1] *"Pared": Spanish for wall, typically used to refer to interior partitions. Gendered language plays a subtle metaphorical role here.*

The Corner

To be born—to exit the only world ever known: the maternal womb. The first trauma of being. The forced discovery of a new world. The newborn cries—for biological, anatomical reasons—but still, it cries. Its space has been stolen. The softness, the concave walls that embraced it, are suddenly replaced by cubic containers. The gentle boundaries yield to massive, gleaming walls. White becomes sepulchral. Darkness gives way to light—blinding, harsh, imposing. The corner is born in unconsciousness. It's not seen—but it is heard, like a wolf's growl on the plain. Sooner or later, we must face it. *What is a corner?* The corner is the reason that upholds all geometry. Edges—the sharpest parts of form. It is no coincidence they are sharp—they are made to separate, direct, cut, divide. Outside a corner, we turn and move on. Inside one, we are trapped. Everything is cornered. Its disguise is roundness. They round them off, but they remain—masked. The eye refuses to see what it doesn't want to see. A circle hides at least 360 corners. The six of a cube are more honest. To break away from the corner is a formal atrocity. Contained space without corners spills over. Its existence begins—or ends—necessarily in a corner.

The Hallway Is Scary

To walk—to change location, with or without direction. Few things cause more uncertainty in life than taking the next step. Moving forward is the ultimate challenge in the search for purpose; it's not just a physical motion—it's an act of self-construction. It needs guidance. The hallway guides and orders from the very beginning: the baby crawls and ends up in the hallway, the teenager whispers to their crush in the hallway, the adult... the adult doesn't like the hallway, the elderly do laps in the hallway. The hallway holds emotions—and locks them in rooms, which in turn enclose the hallway itself, that's what makes it a hallway.

The hallway is not a thing in itself—it exists because something else contains it. It is not the container; it must be formed, given purpose. To move forward in life is to fulfill specific social roles: marriage, parenthood, a job. You become something, and simultaneously—you stop being something else: You're an adult—you stopped being a child. You're married—you stopped being single. You're a director—you stopped being a manager. You have to stop being in order to become. And in the hallway—to exit, you must leave the entrance and reach the exit, even if it's the same one. You seek to enter—just to get out. The hallway is not comfortable. You bump into someone in a park—it's nice. In the hallway—it's awkward. You don't expect encounters in a hallway. The hallway is a conduit—you want out, not in. "I'll wait for you in the hallway"—and that's why I hurry; because of the hallway, not because of you. That space brings anxiety. If it's too long—worse. If there's no natural light—it's scary. Why do we build hallways?

The hallway is ruthless to the anxious. Where do you walk in a hallway?
On the side opposite the doors. If there are doors on both sides—walk down the middle, as fast as possible, eyes on the floor. The school hallway is different: when you arrive—it's your worst enemy. When you leave—it's the path to happiness. And during class changes, for one brief moment, the hallway becomes a natural meeting place for friends. If the hallway is poorly designed, it betrays its only purpose: to organize.

Parents of the hallway: the vestibule, the lobby. If you're in one, your next step is probably a hallway. A hallway should not exist without parents. To abandon it at birth into orphanhood—is an atrocity.

The Step

"Climb to reach success," they say. The staircase is the most overused analogy—always going up, step by step. So what then? Does going down mean failure? The staircase going down leads to life, to contact with the world; upward, there's only air. What's the point of going up? What do you conquer from above? Do you go up or down the step? Some stairs ascend, others descend. In material existence, it's the same thing. It connects, it makes the building footprint efficient. It allows programs to stack one over another. How high? Five floors. Six already compromises the physiological and psychological condition of a person in everyday life. After five: elevator. (Another story—one that dehumanizes the building.)

The step only where it must go, and the staircase only where needed. The step, as an isolated element—how important it is. And in a group: the staircase—fundamental. But the step is out of fashion. It's seen as exclusionary, and today, we're supposed to be the opposite. It feels aggressive. Its importance as a key actor in spatial transition is now increasingly irrelevant. Accessibility comes first. The ramp is as flashy as it is long—it demands to be. The staircase compresses that need for distance and surface area. *"Let the space open outward—make it one single plane, no steps."* Even if the risk of flooding increases. We don't like the step. We need it, but we'd rather endure the headache than take the aspirin.

It's the geometric series that demands the most precision. If you mess up the stair—you've doomed comfort. Pizza-slice-shaped steps, in excess, are harmful. Steps too small have no taste. They must be large to savor. Never too many. In lasagna form, they're easier to lay out. Fewer geometric complications—in a straight run, U-shaped, or L-shaped. Turning stairs take up too much space. But we need them.

The Property Line and the Site

The boundary of what belongs—imposed, visible or invisible—marks the site. On the drawing, it must always be clear. If not, its ignorance will be paid for in the physical world. These are inherited lines—with more age than meaning—squeezing what won't fit, or worse, tempting dimensional excess. Proportion is balance. Not form—proportion oriented toward the action of the user is what gives meaning. A spatial disproportion that arbitrarily disregards boundaries and uses causes discomfort—silent, imperceptible—and adds to the inhabitant's stress. *"I feel good in this space,"* or *"this space feels weird"*—that's proportion! Lack of light, imbalance between artificial and natural lighting. It smells like confinement. The proportion of openable windows got eaten by the wall mass. The objects that occupy the space make it obvious—bad proportion points its finger.

Left, right, back, or front—the where matters just as much as the how. The water pitcher on the table goes in the center—or next to the one who drinks the most water. Not out of whim, but to serve thirst. Volume is more delicate—beyond quenching thirst, it must feel good. Not just look good. This is the result of the first principle: everything must be aligned in its rightful place in the line.

The Everyday Ambush

Sun and shadow. The former gives intensity to the latter—shadow unmasks volume, while sunlight puts on its makeup. The sun is liked—its light is beautiful to see. Looking at the sun itself hurts; feeling it briefly is fine—too long, and it burns. It burns badly. Architecture gets burned too. It scorches. If there's too much sun, habitability becomes complicated. So we need shade. And then come the curtains... how ugly they are. (Sometimes.) Veils of affliction for the sun—they try to shut it off. Like sunglasses for the room—they help the eye, but the feeling changes. Sometimes they look good—sometimes awful. They must be chosen well, depending on the shape of the face. Not every curtain fits every space. It takes taste. Runway architects don't like curtains—apparently, they dishonor the work. Smart orientation and clever architecture can ease the solar issue. But too much shadow gives birth to a permanent coldness in the space. Architecture freezes—and stops feeling alive. Space survives on light and shadow. Only shadow? It's all gloom. Only sun? It's brutal. The surface begs for glimmers to scratch its textures from time to time—and then heal them in light's path. These mutations matter. They give life to space.

At night, the moon casts shadows and gives light too—though it's not enough to activate livable space. Academia discredits it—there are classes on sun exposure, never on moon exposure. Still, how beautiful it would be to harness its power in space. Every morning, architecture is caught in the everyday ambush of the rising sun. There's no escape. It must face it, daily.
(It's known—but often forgotten.) As evening falls, architecture surrenders to shadow. It rests—though it never sleeps. From time to time, it too needs a place to hide.

3. Diseñar no es un Derecho Divino: Ética, Servicio y Realidad

Diseñar bonito no te absuelve de diseñar con propósito.

Cuestionamientos sobre la responsabilidad social del arquitecto, el respeto a la persona, y la necesidad de volver al servicio como centro del proyecto.

El sándwich que no te comes te deja con hambre.

Ni PowerPoint, Ni Rúbricas

¿Y mi pelota?

Tiempo...tic...toc

Adoctrinamiento corporativo.

El sándwich que no te comes te deja con hambre.

El valor de la persona es intrínseco a ella, no se trabaja para tenerlo. No hay que ganarlo, no es un derecho tampoco. Es parte de ella, la constituye. Con el respeto se demuestra la conciencia de uno al valor de la contraparte. Por eso respetamos desde que somos niños, a la miss del kinder laa cuidas dentro de las travesuras que pudiste haber echo, no se pretende una falta de respeto, es inconsciente por qué está dentro de nosotros y sentimos el valor de la persona. Por eso duele el pecho si faltas el respeto a alguien y no te duele un dedo. Atentar contra el valor de alguien de cualquier manera produce dolor interno, sabemos que hicimos mal. Desde el kínder, no era lo mismo romper un vidrio con la pelota , que aventarle un sándwich en la cara a un compañero o al profesor, ahí la cosa cambia, en el acto se perpetraba una agresión contra el valor de la persona, el vidrio aún sin romperse carece de valor por sí mismo. Cómo podemos diseñar pensando en el sitio, la sustentabilidad, la espacialidad, la materialidad, etcétera, dejando a un lado a la persona e ~~rebajarlo a "usuario"~~? Pues no se puede. La persona es primero y está al frente, no es un vidrio que podamos reemplazar, está antes que cualquier cosa en el proyecto o gusto personal del arquitecto, es un crimen tener el don del diseño arquitectónico y dejarlo solo para algunos que piensan como uno y les gusta lo mismo. - Si tienes ese don en tu persona, estás obligado socialmente a entregarlo a los demás, en el esquema financiero que mejor se ajuste a tu cartera, y no de manera selectiva escogiendo "tus" proyectos por la apariencia física que tendrán por imposición, tendencia o gusto personal.

No puedes aventarle tu sándwich a la cara a quienes buscan el talento del arquitecto. Es una falta de respeto social y es seguro que solo con hambre te quedas.

Ni PowerPoint, Ni Rúbricas

El verdadero sentido del aprendizaje no es acumular conocimiento, sino promoverlo junto con el desarrollo del estudiante en todas sus dimensiones. Uno de los grandes retos que tenemos como profesores es inspirar a nuestros alumnos, incentivarlos y animarlos a ser mejores personas para que impulsen la transformación de la sociedad a un mejor estado. No es la transmisión de contenidos la misión, sino la transformación de la vida.

Educar no es llenar cabezas como si fueran jarrones vacíos. No se trata de verter información hasta el borde, esperando que con eso baste. La verdadera educación prende fuego: incomoda, arde, transforma. No adoctrina, provoca. No repite, enciende. Pero claro, eso exige más que un PowerPoint y una rúbrica: exige convicción, riesgo, y la renuncia a ser el centro del aula.

¿Y mi pelota?

Buscar y buscar sin encontrar, ¿dónde quedó mi pelota que traía el domingo mamá? Buscas por todos lados y no está, pero ahí estaba, el domingo hasta en la mesa de la comida estaba. Cuando se estudia que fácil es hacer arquitectura. Cuando se ejerce, parece que se perdió esa facilidad; igual que la pelota. Buscas y buscas y no encuentras por donde hacerle.

La arquitectura que gusta es contagiosa eso sí, el trabajo del colega contagia optimismo, el éxito parece estar cerca cuando se comulga de la obra ajena. Sigue igual de lejos, pero la percepción cambia. Refuerza la fe arquitectónica.

La pelota sigue perdida, pero chance se quedó en el parque. El vecino trae una pelota casi igual a la tuya te preguntas: ¿no es esa mi pelota? La ilusión vuelve. Este concurso si lo vas a ganar. Otra vez lo perdiste. La pelota tampoco se quedó en el parque... "La vas a encontrar hijito, no te preocupes, síguela buscando...y ya vente a comer ándale"

Tiempo...tic...toc

El tiempo como se sabe pasa sin remedio. Se planea con el. El arquitecto planea poco. Es ignorante del tiempo. Los minutos parecen ser inmunes a lo arquitectónico. Usan otro tipo de calendario, su cronología desconce todo, desde los arquitectos mayas que hicieron pirámides unos 3500 años después de que fueron moda en el Nilo. Ya ibamos tarde desde entonces. No hay cliente que crea que su Arqui va a teminar su obra a tiempo. Es cosa histórica, y así la adopta el arquitecto. Sordo a las campanadas del reloj.

El recorrido del arquitecto en el tiempo registra la gloriosa época donde el arquitecto-artista era una figura casi divina. Trazos fluidos, musas inspiradoras, trazaba no solo edificios, sino ideales. Su obra no se discutía! se veneraba! ~~(Increíblemente ayer me tope con un par de esos Parece que pululan todavía, no se en que todavía, después de haberme despedido de otros tantos. trabajen.)~~

En su burbuja de genialidad; sus maquetas son poesía tridimensional, y sus dibujos, arte digno de un museo. ¿Plazos? ¿Presupuestos? ¡Qué vulgaridad! Hace siglos a lo mejor , El genio tenía tiempo de sobra para perfeccionar su obra, pues la sociedad esperaba con paciencia la llegada de otra catedral gótica o un templo clásico. Pero llegó la modernidad, que hoy aun predomina, trajo nuevas leyes al mercado, las normativas de construcción, módulo para que sea barato, y ahora la globalización, viene la IA y la inmediatez para todo con falta de sensibilidad cada vez más latentes en la sociedad (serán los verdugos de esta estirpe). El arquitecto-artista, que alguna vez podía justificar cualquier excentricidad con frases como "es un juego de luz y sombra" o "esto simboliza la dualidad del espacio interior con el exterior". Su lienzo ya no es el cielo, sino una hoja de Excel.

Algunos aún resisten, son los románticos del gremio, aferrados a su lápiz y papel, todavía intentan hablar de la importancia del vacío en la composición mientras el cliente insiste en preguntar: "¿Y cuánto me costará esto?". Pero el mundo sigue girando, y el arquitecto-artista, esa figura idealizada, se convierte en un eco distante, una reliquia del pasado.

Quizás no esté muerto del todo. Tal vez, como el vinilo o las cámaras de rollo, resurja en algún momento, nostálgico y anacrónico. Pero, por ahora, su relevancia parece destinada a permanecer en los libros de historia, junto a otros oficios olvidados, como el amanuense o el encuadernador de pergaminos.

la línea de tiempo de la sociedad moderna; El arquitecto ya es de otra época. Los que siguen son producto en obsolescencia. Los que se obsesionen con seguir siendo...siguen en otro tiempo sin duda. Acá deje de serlo hace tiempo, costo trabajo , instantes repetitivos en el tiempo donde la mente lo grita "hey! Hay más que solo ser arquitecto", ignoramos durante años la obstinación ciega que mancilla el sentido común. Un día quise escuchar… y descubrí: ¡hay vida afuera de la arquitectura!

Qué hermosa paradoja… hay vida afuera, pero la arquitectura es inútil sin vida adentro.

Adoctrinamiento corporativo.

La santísima trinidad empresarial dicta: primero yo, después yo y al último yo. Prevalece el egoismo, la indiferencia e ignorancia de las habilidades de los demás.

Cómo seres humanos estamos obligados a encontrar y reconocer en la otra persona las cualidades de las que uno carece y después ayudarlo a crecer para que ocupe nuestro lugar. Esto genera la lealtad, el respeto y el sentido de ayuda que tanto escasean en la empresa ordinaria. Amén del crecimiento empresarial que daría sustento a más generaciones.

El de arriba apachurra al de abajo, aún cuando se haya estado abajo, desde un puesto jerárquico hay ceguera humanista. Prevalece la anarquía sobre la empatía y la hermandad humana. La espiral no tiene fin, el espíritu de ayuda, aún sobre los intereses propios, conducirá siempre a cimas claras y seguras.

3. Designing Is Not a Divine Right: Ethics, Service, and Reality

Designing something beautiful does not absolve you from designing with purpose.
Questions on the social responsibility of the architect, respect for the person, and the urgent need to return to service as the core of the project.

The Sandwich You Don't Eat Still Leaves You Hungry

The value of a person is intrinsic. You don't work to earn it. It's not a right, either. It's part of them—it defines them.

Respect is the expression of our awareness of the other's worth. That's why we show respect from childhood. You looked after your *kinder*[1] teacher even in the middle of your mischief—not out of obligation, but because you felt her value. That's why your chest hurts when you disrespect someone—it's not your finger that aches. To harm someone's worth in any way causes a pain inside—you know you did wrong.

Since kindergarten, it was never the same to break a window with a ball as it was to throw a sandwich in the face of a classmate—or a teacher. That crossed a line. The act became an offense against the person's value. The window, even unbroken, has no value in itself. So how can we design while thinking of site, sustainability, spatiality, materiality, etc.—and leave the person aside, or reduce them to a mere "user"? We can't.

The person comes first. They are not a pane of glass we can replace. They come before the project, before the architect's personal taste. It is a crime to have the gift of architectural design and use it only for those who think like you or like what you like. If you carry that gift, you are socially obligated to share it with others—within the financial framework that best suits your pocket, yes—but not selectively, picking only the projects that will look the way you want them to, by aesthetic imposition, trend, or ego.

You can't throw your sandwich in the face of those who come looking for the architect's talent. It's a social insult—and you'll just end up hungry.

[1] *"Kinder": Mexican shortening of "kinder garden," referring to early childhood education. Here used colloquially for preschool.*

Neither PowerPoint nor Rubrics

The true purpose of learning is not to accumulate knowledge, but to promote it—alongside the student's development in all dimensions. One of the greatest challenges we face as teachers is to inspire our students, to encourage and motivate them to become better people so they can drive the transformation of society toward a better state. The mission is not to transmit content—it is to transform lives.

Education is not about filling heads as if they were empty vases. It's not about pouring in information to the brim, hoping that will be enough.

Real education sets fire—It unsettles, it burns, it transforms. It doesn't indoctrinate, it provokes. It doesn't repeat, it ignites. But of course, that takes more than a PowerPoint and a rubric. It takes conviction, risk—and the willingness to give up being the center of the classroom.

Where's My Ball?

Search and search—and still, nothing. *Where's my ball, Mom, the one I had on Sunday?*
You look everywhere—and it's just not there. But it *was* there—on Sunday, it was even on the dining table.

When you study architecture, it's so easy to "do" architecture. But once you're in practice, that ease seems lost—just like the ball. You search and search, and still can't figure out where to even begin.

The kind of architecture you admire is contagious, that's for sure. A colleague's work spreads optimism—success feels close when you share in someone else's achievement. It's still just as far, but perception shifts. It restores your architectural faith.

The ball's still missing, but maybe... maybe it stayed in the park. The neighbor has a ball almost exactly like yours—and you ask yourself: *Is that my ball?* Hope returns.

This time, you're going to win that competition. You lost it again. The ball wasn't in the park either...
"You'll find it, sweetheart, don't worry. Just keep looking... and come eat now, come on."

Time...tick...tock

Time, as we know, passes without mercy. It's something to plan with. But the architect rarely plans. He is ignorant of time. Minutes seem immune to anything architectural. They operate on a different calendar—a chronology that ignores everything, ever since the Mayan architects were building pyramids some 3,500 years after they were already out of fashion in the Nile. We've been late ever since. No client believes their *Arqui*[1] will finish on time. It's historical. And the architect accepts it that way—deaf to the chimes of the clock.

The architect's journey through time still clings to that golden era when the architect-artist was a near-divine figure. Fluid lines. Whispering muses. Sketches not just of buildings, but of ideals. His work wasn't discussed—it was worshipped. (Incredibly, I ran into a couple of those just yesterday, after having bid farewell to so many. They still roam around—I'm not sure what they actually do.)

In their genius bubble, their models are three-dimensional poetry, their drawings—museum-worthy art. Deadlines? Budgets? What vulgarity. Centuries ago, maybe. The genius had all the time in the world to perfect his masterpiece, and society would wait, patiently, for the next Gothic cathedral or classical temple. Then came modernity—still in charge today—bringing construction laws, market logic, cost-saving modules. Now it's globalization. AI. Instant everything. No sensitivity. (These may be the final executioners of that breed.) The architect-artist, who once justified every eccentricity with "it's a play of light and shadow" or "it symbolizes the duality of interior and exterior space," now finds his canvas isn't the sky—it's an Excel sheet.

Some still resist. The romantics of the guild, clinging to pencil and paper, still try to talk about the importance of "void" in composition while the client interrupts, asking,
"And how much will this cost me?" But the world keeps spinning. The architect-artist, that idealized figure, becomes a distant echo—a relic of the past.

Maybe he's not completely dead. Maybe—like vinyl, or film cameras—he'll make a nostalgic, anachronistic comeback. But for now, his relevance seems destined to live on in history books—next to other forgotten trades, like the scribe, or the parchment binder.

The timeline of modern society has moved on. The architect is already from another era. Those who persist in pretending they still are—they live in another time, no doubt. I stopped being that long ago. It was hard. Repetitive moments in time where the mind screams, *"Hey! There's more than just being an architect."* For years, we ignored the blind stubbornness that stains common sense. One day I wanted to listen—and I discovered: There is life outside of architecture.

What a beautiful paradox: there is life outside—but architecture is useless without life inside.

[1] *"Arqui" is a colloquial abbreviation for "arquitecto" (architect) in Mexican Spanish, often used informally by clients.*

Corporate Indoctrination

The holy trinity of the corporate world goes: me first, me second, and me last. Selfishness prevails. Indifference. Ignorance of others' talents.

As human beings, we're obligated to recognize in others the qualities we ourselves lack—and then help them grow so they can take our place. That creates loyalty, respect, and a spirit of support—all of which are desperately missing in the average company. Not to mention the business growth that could sustain future generations.

The one at the top crushes the one below, even if they were once down there themselves.
From a position of hierarchy, humanist vision goes blind. Anarchy prevails over empathy and human brotherhood. The spiral never ends. But the spirit of support—even above self-interest—will always lead to clearer, safer heights.

2. Concurso no ganado, obra no construida, cliente no satisfecho... check.

Reflexiones del contexto laboral, las reglas del juego, la mediocridad institucionalizada y la estructura desigual del campo arquitectónico.

La parálisis laboral.

El mundo del arquitecto egresado

La ambigua normatividad

Lo más lejano a la responsabilidad social: La vivienda plurifamiliar

El rompecabezas que le falta una pieza

La parálisis laboral.

Nos detenemos o actuamos a conveniencia, no por el utilitarismo que debería regir en la toma de decisiones. Entendemos lo que nos acomoda, y lo que demanda más compromiso nos resulta incómodo. El reglamento regula, pero también congela. Las reglas deben prevalecer por orden general y no por acomodar a los individuos que vigilan su cumplimiento. Somos mediocres y es cómodo; nos damos cuenta y nos mantenemos firmes en ese estado. El riesgo en ese escaño es el más bajo.

La atención se enfoca en el activo revolucionario, el creativo, el innovador por defecto, y enseguida en el incompetente. El mediocre vive tranquilo, sus fieles armas laborales son los reglamentos, los KPI (que el mismo controla y negocia) y el contrato.

La parálisis es situacional y contagiosa. Mejor paralítico ~~por convicción,~~ que tener que correr un maratón. ¿Para qué queremos caminar?

El rompecabezas que le falta una pieza

El cliente dicta lo que necesita; no lo que quiere.

Se abre la caja y la infinidad de piezas que hay que ordenar demanda atención. Una por una se van uniendo, unas por allá y otras por acá, pero primero las orillas, es más fácil. Hay que contener el caos y la orilla eso hace, lo limita y pone dimensión física al reto. El cliente lanza miles de piezas por cita, el arquitecto debe de pedirle primero las orillas, acotar el alcance. A la siguiente cita que lance todas las demás y hay que atraparlas. El cliente trae varios rompecabezas, las piezas que no son del rompecabezas que se arma en ese momento no sirven. Van a otra bolsita. Siempre se reciben muchas piezas que no son del mismo rompecabezas. Clasificar no es fácil. El rompecabezas se va formando, y las formas van saliendo, los colores, la temática se vuelve realidad y la imagen de la caja parece cada vez menos gloriosa frente al rompecabezas que se forma en la mesa varias veces más grande y complejo que la ilustración de la cajita. Mientras más cerca del final las piezas encuentran su lugar casi solas. Aun cuando al inicio eran las más complicadas; las zonas unicolores y borrosas.

El cliente se siente contento de ver qué la tarea que necesita se está cumpliendo bien, el ~~rompecabe~~ rompecabezas de su proyecto toma forma. El arquitecto ha armado las piezas del proyecto una a una. El final se acerca, unas piezas más por aquí , otras por allá, son solo minutos los que separan el momento del final. Solo falta una pieza, en la cajita no está, levantas la cajita...tampoco está, debe de estar debajo de la mesa...tampoco está. (No pudo venir incompleto de eso no hay duda) En algún lado está. Pasan los minutos y el convencimiento de que la aspiradora se la tragó es cada vez más aceptado en el grupo. La resignación de la pieza que no está deja un sabor amargo. El cliente llega. ¿Te preguntas si verá el rompecabezas de 2000 piezas terminado? Y pues No. Hay 1999 piezas puestas perfectamente, y el cliente solo ve una...la que no está.

¡Aún peor, era claro que necesitaba el armado de un rompecabezas, pero nunca dijo cuál!, y el arquitecto escogió la bolsita de piezas equivocada. Aquí faltan solo 2000 piezas que colocar...

Lo más lejano a la responsabilidad social: La vivienda plurifamiliar.

Complejidad. Mientras más unidades quepan, es mejor para el desarrollador. Es el sometimiento de la arquitectura a una tabla de Excel.

El comercializador sabe más que el arquitecto (él va a vender, tu solo vas a diseñar; que poco es eso.) "Mejor 3 recámaras porque se venden mejor a 2 bien ventiladas. La gente no entiende planos, compra número de recámaras."

Que abuso de la ignorancia colectiva ~~y de la confianza legal depositada en el desarrollador.~~

Las orientaciones, el partido, la iluminación y la ventilación pasan a segundo o tercer plano. El arquitecto no es el protagonista, muy lejos de serlo. Y tampoco debería de serlo. Está en los extremos. Arrinconado por el negocio o encabezando los excesos. En honorarios representa menos del 4% de la inversión total, el valor del diseño no es proporcional a su impacto en el éxito del negocio. Mal proyecto mal negocio. Para cobrar, primero hay que concursar. Para ganar, hay que tener suerte. Un buen proyecto no se defiende solo. Necesita aliados. Uno malo con comparsas es más efectivo. Si eres dueño del negocio ya está solucionado. Cavas tu propia tumba o vuelas. Que difícil equilibrio es ese. Nosotros nunca hemos sido dueños. No somos tan listos, tan ricos o sociales. Hemos proyectado para clientes buenos. El producto se siente bien, ya el tiempo juzgará.

La ambigua normatividad

Primero revisa las de Estados Unidos, a ver qué dicen. También revisa el Reglamento de Construcciones de la Ciudad de México, no importa si estás en Coahuila o Campeche. Y si es para calcular la estructura contra sismos, apúrate a ingresar tu proyecto a licencias porque ya van a cambiar el reglamento por el temblor que acaba de pasar. La norma en México se aplica cuando conviene a una parte o a la otra. También se le puede dar la vuelta, como a la glorieta. Siempre le dejan salidas que no se ven a simple vista. El mexicano se pone creativo. Eso sí, hay normas para todo, licencias para todo. Desde ambientales, municipales y federales. La escala del proyecto determina muchas de ellas y la ubicación muchas otras.

El ingeniero se pone serio frente al arquitecto; al gestor conviene no conocerlo. El gestor aplica la norma a su juicio, según la jurisprudencia de su propia experiencia y en lo que le dijo su cuate de fiesta que firma los papeles. Si el gestor es arquitecto, el asunto empeora un poco; da consejos al diseño para "pasar la norma".

"¿No conoces a un gestor? ¿A muchos? ¿Pero uno bueno que me recomiendes? Ah, no, de esos no conozco." La gestoría está en manos del de la ventanilla. Si el proyecto es de gran impacto, urbano o social, hay que llegar por arriba y después bajar a la ventanilla. "Está atorado ahí en la ventanilla" y nadie sabe por qué, ni quién lo atoró. Solo está atorado y ahí se va a quedar. A ver ahora que cambie la administración si se desatora. Y si no, pues sigue atorado y espera, o de plano búscate otro terrenito.

¿Que el Colegio de Arquitectos no puede defender este estado de desinformación, influyentísimo y atasco burocrático? ¿No tienen normas que les den esa facultad? Quizá no. No sé.

El mundo del arquitecto egresado

El mundo laboral recibe de espaldas; los brazos abiertos son para otra especie. Estudias los grandes clásicos, a los modernos y los vanguardistas, también las teorías y los tratados. Tienes una idea bastante superficial de las estructuras: lo suficientemente escasa para poder calcular, pero lo suficientemente profunda para creer que lo puedes hacer. Has desarrollado más de diez proyectos utópicos, algunos, se dice, son construibles.

Las primeras verdades aplastan: el albañil sabe más, los demás arquitectos e ingenieros abruman con su experiencia y comparten poco o nada.

El gremio es ~~egoísta~~ , hostil y solitario. La única diferencia palpable en el egresado es la sensibilidad que pueda tener sobre el arte del diseño. Esa sensibilidad se muestra demasiado tímida; solo el tiempo la va haciendo valer, dando justicia a los años de estudio.

2. Unwon Competition, Unbuilt Work, Unsatisfied Client... Check.

Reflections on the professional landscape, the rules of the game, institutionalized mediocrity, and the unequal structure of the architectural field.

Labor Paralysis
The World of the Recently Graduated Architect
Ambiguous Regulations
The Furthest Thing from Social Responsibility: Multifamily Housing
The Puzzle Missing One Piece

Labor Paralysis

We stop—or act—according to convenience, not based on the utilitarian logic that should govern decision-making. We understand what suits us, and anything that demands greater commitment makes us uncomfortable. Regulations regulate—but they also freeze. Rules should prevail for the sake of general order, not to cater to the individuals who are supposed to enforce them. We are mediocre—and it's comfortable. We know it—and we stubbornly remain in that state. The risk at that level is minimal.

Attention always turns to the revolutionary, the creative one, the default innovator… and right after, to the incompetent. But the mediocre lives in peace. His loyal tools at work are the regulations, the KPIs (which he controls and negotiates himself), and the contract.

Paralysis is situational—and contagious. Better paralyzed by conviction than forced to run a marathon. Why bother walking at all?

The World of the Recently Graduated Architect

The professional world welcomes you with its back turned; open arms are reserved for another species. You've studied the great classics, the modernists, the avant-garde—you've read the theories, the manifestos. You have a rather superficial idea of structures: not enough to calculate them properly, but just enough to believe you can. You've designed over ten utopian projects—some of them, allegedly, could even be built. Then come the first crushing truths: the *albañil*[1] knows more than you, other architects and engineers overwhelm you with their experience and share little, if anything.

The guild is selfish, hostile, and solitary. The only palpable difference in a graduate is the sensitivity they might still hold toward the art of design.

That sensitivity shows itself timidly—only time gives it value, delivering justice to the years spent in study.

[1] *"Albañil": Spanish for construction worker or mason, often with extensive hands-on experience in building.*

Ambiguous Regulations

First, check the U.S. codes—see what they say. Also, look up the Mexico City Building Code, even if you're working in Coahuila or Campeche. And if it's for seismic structure calculations, hurry and file your permits—the code's about to change because of that recent earthquake.

Regulations in Mexico apply when convenient—to one side or the other. They can also be bypassed, like a "glorieta"[1]—always with hidden exits you don't see at first glance. The Mexican gets creative. Of course, there are rules for everything. Licenses for everything: environmental, municipal, federal. Project scale determines many of them—location takes care of the rest.

The engineer turns serious in front of the architect. As for the *gestor*[2]—best not to even know him. The *gestor* enforces the regulation based on his own sense of jurisprudence, combined with what his *cuate*[3] at the party—who signs the papers—told him. If the *gestor* happens to be an architect, things get even worse. He offers design advice just to "get it through code."

"You don't know a *gestor*? You know many? But a good one you could recommend? Oh no—those, I don't know." The *gestoría*[4] is in the hands of the guy at the window. If the project has major urban or social impact, you go in from the top and work your way down to the window.
"It's stuck there at the *ventanilla*,"[5] and no one knows why, or who stuck it. It's just stuck, and that's where it'll stay. Maybe when the administration changes, it'll get unstuck. And if not, well... it stays stuck. Or just go find yourself another little plot of land.

The *Colegio de Arquitectos*[6] can't do anything about this state of disinformation, favoritism, and bureaucratic gridlock? They don't have standards to give them that power? Maybe not. I don't know.

[1] *"Glorieta": A Mexican traffic circle; metaphorically, a loop with no exit or clear direction.*
[2] *"Gestor": A fixer, handler, or permit expediter who deals with government bureaucracy in Mexico.*
[3] *"Cuate": Mexican slang for buddy or close friend.*
[4] *"Gestoría": The process or business of managing government paperwork and permits.*
[5] *"Ventanilla": Literally "window," meaning the government service desk—symbol of bureaucratic limbo.*
[6] *"Colegio de Arquitectos": Official association of architects in Mexico.*

The Furthest Thing from Social Responsibility: Multifamily Housing

Complexity. The more units you can squeeze in, the better for the developer. Architecture submits to an Excel spreadsheet.

The sales agent knows more than the architect. *(He's going to sell, you're just going to design; how little that is.)* "Three bedrooms are better—they sell better than two well-ventilated ones. People don't understand floor plans; they buy based on number of bedrooms."

What a brutal exploitation of collective ignorance and the legal trust placed in the developer.

Orientation, layout, natural light, and ventilation fall to second or third priority. The architect is no protagonist—not even close. And maybe shouldn't be. We exist on the fringes: either cornered by business or leading the charge of excess. In fees, we represent less than 4% of the total investment—the value of design is not proportional to its impact on the business's success. Bad design, bad business. To get paid, first you have to compete. To win, you need luck.
A good project doesn't defend itself—it needs allies. A bad one, with the right cronies, performs better. If you own the business, it's all solved. You either dig your own grave—or fly. What a hard balance that is. We've never been the owners. We're not that smart, that rich, or that well connected. We've designed for good clients. The product *feels* right—Time will judge.

The Puzzle Missing One Piece

The client dictates what they need, not what they want.

The box is opened, and the endless number of pieces that must be arranged demands full attention. One by one, they start coming together—some over here, some over there. But start with the edges—it's easier that way. You have to contain the chaos, and the edge does exactly that: it limits and gives physical dimension to the challenge. The client throws in thousands of pieces per meeting; the architect must first ask for the edges—define the scope. At the next meeting, let the client throw in all the rest—and you have to catch them. The client brings multiple puzzles, and pieces from other puzzles don't help with the one currently being built. Those go into another little bag. You always get way too many pieces from puzzles that don't match. Sorting isn't easy. The puzzle starts taking shape—the forms emerge, the colors align, the theme becomes real—and the picture on the box begins to look less and less impressive compared to the puzzle that's coming to life on the table, far larger and more complex than the glossy illustration promised. The closer you get to the end, the faster the pieces fall into place—almost by themselves. Even those that seemed impossible at the start: the blurry, monochromatic zones.

The client is pleased. He sees that the task is being carried out well. The puzzle of his project is taking shape. The architect has put it together piece by piece.

The end is near—just a few more pieces here, a few more there. Only minutes remain before it's done. Only one piece is missing. Not in the box. You lift the box... still not there.

Must be under the table... no. (It *couldn't* have come incomplete—no doubt about that.) It has to be somewhere. Minutes go by, and the group becomes increasingly convinced the vacuum cleaner ate it.

The resignation over the missing piece leaves a bitter taste. The client arrives. You wonder—will he see the 2,000-piece puzzle completed? No. There are 1,999 pieces perfectly in place. And the client sees only one. The one that's missing.

Even worse: it was clear he needed a puzzle to be assembled—but he never said which one. And the architect chose the wrong bag. This one's missing only 2,000 more pieces to put in place...